essentials

Essentials liefern aktuelles Wissen in konzentrierter Form. Die Essenz dessen, worauf es als „State-of-the-Art" in der gegenwärtigen Fachdiskussion oder in der Praxis ankommt, komplett mit Zusammenfassung und aktuellen Literaturhinweisen. Essentials informieren schnell, unkompliziert und verständlich

- als Einführung in ein aktuelles Thema aus Ihrem Fachgebiet
- als Einstieg in ein für Sie noch unbekanntes Themenfeld
- als Einblick, um zum Thema mitreden zu können.

Die Bücher in elektronischer und gedruckter Form bringen das Expertenwissen von Springer-Fachautoren kompakt zur Darstellung. Sie sind besonders für die Nutzung als eBook auf Tablet-PCs, eBook-Readern und Smartphones geeignet.

Essentials: Wissensbausteine aus Wirtschaft und Gesellschaft, Medizin, Psychologie und Gesundheitsberufen, Technik und Naturwissenschaften. Von renommierten Autoren der Verlagsmarken Springer Gabler, Springer VS, Springer Medizin, Springer Spektrum, Springer Vieweg und Springer Psychologie.

Gregor Paul Hoffmann

Organisationale Resilienz

Grundlagen und Handlungsempfehlungen für Entscheidungsträger und Führungskräfte

Gregor Paul Hoffmann
Organisationsentwicklung
syn:logos
Graz
Österreich

ISSN 2197-6708 ISSN 2197-6716 (electronic)
essentials
ISBN 978-3-658-12889-0 ISBN 978-3-658-12890-6 (eBook)
DOI 10.1007/978-3-658-12890-6

Die Deutsche Nationalbibliothek verzeichnet diese Publikation in der Deutschen Nationalbibliografie; detaillierte bibliografische Daten sind im Internet über http://dnb.d-nb.de abrufbar.

Springer

Gedruckt auf säurefreiem und chlorfrei gebleichtem Papier

Springer Fachmedien Wiesbaden ist Teil der Fachverlagsgruppe Springer Science+Business Media (www.springer.com)

Was Sie in diesem Essential finden können

- Einführung in das psychologische Konstrukt der Resilienz
- Organisationstheoretische Überlegungen zu Organisationen als Soziales System und deren Werden und Sein
- Zusammenführung des Konstruktes der Resilienz mit jenem der Organisation als Soziales System
- Definition von Organisationaler Resilienz
- Darstellung eines multitheoretisch fundierten Modells der Organisationalen Resilienz
- Hinweise zur Bewältigung von Krisen in und von Organisation
- Hinweise zur Prävention von Krisen in und von Organisation
- Handlungsempfehlungen für Entscheidungsträger und Führungskräfte zur Förderung von Organisationaler Resilienz

Vorwort

Dieses Essential bietet einen kurzen Überblick über das Konstrukt der Organisationalen Resilienz und daraus abzuleitenden Empfehlungen für Führungskräfte und Entscheider.

Es stellt damit einen Vorgriff auf das einschlägige Fachbuch des Autors dar, dessen Erscheinen für 2016 geplant ist. Dort wird das Konstrukt, die Zusammenführung von Organisation und Resilienz und insbesondere die praktische Relevanz für Führungskräfte und Management in einer deutlich vertieften und differenzierten Art und Weise dargestellt, als es im Rahmen eines Essentials möglich ist.

Inhaltsverzeichnis

1 Einleitung

Die letzten Jahre sind aufgrund der Finanzkrise und deren Auswirkungen auf die Wirtschaft durch Unsicherheit und Instabilität bei gleichzeitiger hoher Dynamik geprägt. In regelmäßigen Abständen gehen Meldungen über wirtschaftliche Probleme in Unternehmen und ganzen Staaten durch die Medien. Unternehmen sind ebenso wie ‚die Politik' gezwungen ‚Sofortmaßnahmen' zu setzen, in der Hoffnung sich dadurch an die Bedingungen ‚des Marktes' bestmöglich angepasst zu haben und wieder beruhigt den Alltag einkehren zu lassen. Häufig entsteht allerdings der Eindruck, dass es sich eher um einen Teufelskreis, denn einen Lösungsansatz handelt. Die zur Bewältigung einer Krise gedachten Maßnahmen zeigen nicht jene Wirkung, die man erwartet oder erhofft hatte. In manchen Fällen verschlimmert sich die Situation noch mehr. Bei aufmerksamer Durchsicht der Medien ist man praktisch täglich mit einer mehr oder weniger großen Krise von Organisationen und Unternehmen konfrontiert.

Und doch scheint es in solchen Situationen Personen, Teams, Gruppen und Organisationen zu geben, die diese Belastungen bis hin zu eskalierenden Krisen, gut meistern, ihre Funktionsfähigkeit erhalten, Abläufe und Strukturen anpassen und mitunter sogar gestärkt daraus hervorgehen und besser auf künftige Herausforderungen vorbereitet sind.

Die Kombination aus Widerstandskraft und Anpassungsfähigkeit wird heute oft unter dem Begriff *Resilienz* zusammengefasst, der sich aber insgesamt in den letzten Jahren zu einem wahren Modebegriff entwickelt hat und in vielen Zusammenhängen verwendet wird. Allerdings ist nicht immer ganz eindeutig, was darunter zu verstehen ist – je nach Verwendung ließe er sich verstehen als Widerstandskraft, Belastbarkeit, Problemlösungsfähigkeit, Flexibilität oder Elastizität und vieles mehr. Es gibt also keinen echten Konsens über den Begriff – mehr noch: anstelle von Klärung scheint es, als würde er immer diffuser, je öfter er verwendet wird.

G. P. Hoffmann, *Organisationale Resilienz,* essentials,
DOI 10.1007/978-3-658-12890-6_1

Im Konstrukt der *Organisationalen Resilienz* wirken sowohl ein psychologisches, soziologisches und auch ein wirtschaftswissenschaftliches Verständnis zusammen. Es beschreibt im Wesentlichen die Fähigkeit einer Organisation unvorhergesehene Ereignisse zu überstehen und sich an ändernde Bedingungen anzupassen. Aber sind psychologische Beschreibungs- und Erklärungsmodelle so einfach auf Organisationen zu übertragen? Gibt es tatsächlich auch Gruppen- und Organisationsphänomene, die mit Resilienz vergleichbar sind?

In dieser kurzen Einführung soll daher zunächst der Begriff der Organisationalen Resilienz in groben Zügen dargestellt und definiert werden. Neben dieser grundlegenden Auseinandersetzung mit Begriffen und Konstrukten ist es aber gerade für Führungskräfte und Entscheidungsträger von praktischer Relevanz zu überlegen, was zu Organisationaler Resilienz beiträgt, welche Möglichkeiten in der Führung und dem Management liegen, aber auch zu erkennen, wo mögliche Grenzen sind, liegt es doch in ihrer Verantwortung die Organisation und das Unternehmen sicher durch unruhige Zeiten zu führen, adäquate Entscheidungen zu treffen und den Bestand der Organisation abzusichern. Ausgehend von den theoretischen Überlegungen, werden in der Folge Implikationen für die praktische Führungs- und Managementarbeit abgeleitet.

2 Resilienz – das psychologische Konstrukt

Worauf es ankommt, das sind nie die Bedingungen, die man vorfindet, sondern das ist stets das Lebenswerk, das man daraus gemacht hat.
Elisabeth Lukas, Psychotherapeutin (*1942)

Im folgenden Abschnitt werde ich mich zunächst mit der Ideengeschichte des psychologischen Konstrukts der Resilienz auseinandersetzen und in weiterer Folge wesentliche Aspekte der aktuellen Resilienzforschung aufgreifen und zusammenführen, sodass ein grundlegendes Verständnis möglich ist. Für einen ausführlicheren Überblick über die (insbesondere deutschsprachige) Resilienzforschung verweise ich auf Arbeiten von Corinna Wustmann (2004), Franziska Wenk (2013), sowie Klaus Fröhlich-Gildhoff und Maike Rönnau-Böse (2014).

2.1 Der Beginn der Resilienzforschung

Über viele Jahrzehnte wurde im Zusammenhang mit Gesundheit ausschließlich eine Perspektive eingenommen, wie sich Krankheiten zeigen (Pathologie) und entwickeln (Pathogenese). Zentrale Fragen waren beispielsweise welche schädlichen Einflüsse, welche Risikofaktoren, welche Traumata zu welcher Ausprägung einer speziellen Erkrankung oder zumindest Abweichung vom ‚Normalen' führen. Es entwickelten sich Theorien und Modelle zur Krankheitsentstehung, ohne dabei aber zu berücksichtigen, dass der Großteil der Menschen, die in vergleichbaren Lebensumständen aufwachsen, ‚gesund' ist.

Erst in den frühen 60-er Jahren des 20. Jahrhunderts wurde diese einseitige, pathologiezentrierte Perspektive erweitert. Spätestens seit den Arbeiten von Aaron Antonovsky (bspw. 1997, erstmals 1970) zum Thema Salutogenese, als komplementären Begriff zur Pathogenese, insbesondere aber den Arbeiten von Emmy

G. P. Hoffmann, *Organisationale Resilienz,* essentials,
DOI 10.1007/978-3-658-12890-6_2

Werner Mitte der 1970-er Jahre taucht auch das Konzept der Resilienz immer häufiger in einschlägiger psychologischer Literatur auf.

Antonovsky beschäftigte die Frage, wie Menschen, die den Holocaust überlebt haben, ein einigermaßen ‚normal gesundes' Leben führen und diese traumatischen Erfahrungen verarbeiten konnten. Werner hingegen untersuchte Kinder, die in großer Armut und in erheblich belasteten sozialen Umwelten aufwuchsen. Werner konnte zeigen, dass sich immerhin ein Drittel der Kinder aus diesen desaströsen Umständen herausentwickeln konnte. Diese Kinder nannte Werner resilient (Werner et al. 1971).

Resilienz meint in diesem Zusammenhang also im Wesentlichen jenes Phänomen, dass eine relativ große Gruppe von Menschen unter prekären bis desaströsen Bedingungen aufwächst, und dennoch ein gesundes Leben führen kann. In Folge von Katastrophenereignissen oder auch Terroranschlägen wie 9/11 wird Resilienz heute auch als ein überindividuell-soziales Phänomen diskutiert. Ein guter Überblick dazu findet sich bei Martin Endreß und Andrea Maurer (2015).

2.2 Bedrohung durch Identitätsgefährdung

Vorweg einige grundlegende Überlegungen zur Entwicklung von Identität und Persönlichkeit, die sich im Wesentlichen auf die Integrative Theorie berufen.

Die Entwicklung von Identität und Persönlichkeit ist als ein Prozess zu verstehen, der an der biologischen Basis ansetzt, Emotionalität und damit die psychische Dimension, sowie die soziale Einbettung, den sozialen Kontext miteinbezieht. Schematisch hat Petzold Identität in Form der ‚Fünf Säulen der Identität' dargestellt. Nach diesem Verständnis ruht die persönliche und soziale Identität eines Menschen auf diesen Säulen, die sich im Laufe des Lebens, in Folge von Zuschreibungen und Erfahrungen, aber auch emotionaler und kognitiver Bewertung entwickeln und ausformen und Leiblichkeit, Soziale Beziehungen, den Bereich von Arbeit, Leistung und Freizeit, die materielle Sicherheit, sowie Normen und Werte repräsentieren (Petzold 2003b, 2012a).

Die in der Diskussion von Resilienz beschriebenen prekären Lebenssituationen oder Ereignisse und Ereignisketten haben das Potenzial der Gefährdung einer Person bzw. deren Identität. Das ist dann der Fall, wenn mindestens eine der Fünf Säulen der Identität aufgrund der Belastungssituation derart ins Wanken gerät, dass in Folge die Stabilität der gesamten Identität gefährdet und das Subjekt nicht mehr in Lage ist, seinen beeinträchtigten Selbst-, Ich- und Identitätsprozess zu stabilisieren (Petzold 2003b, S. 72 ff.). Diese Labilisierung ist als Krise zu verstehen (vgl. Petzold 1975, S. 1).

Resilienz kann also als die Fähigkeit einer Person verstanden werden, diesen Identitätsprozess zu stabilisieren und die Identität gegenüber krisenhaften Entwicklungen „abzusichern“ – wie aber gelingt das und ist Resilienz einfach vorhanden oder kann man sie lernen?

2.3 Erklärungsmodelle von Resilienz

Ein wesentliches Anliegen der Resilienzforschung war das Entstehen und die Wirkung von Resilienz zu verstehen und zu erklären. Im Laufe der letzten Jahrzehnte gab es eine Reihe von Erklärungsmodellen, die hier kurz skizziert werden sollen. Ich beziehe mich hier vor allem auf die jeweiligen Ursprünge der jeweiligen Forschungstraditionen, um deutlich zu machen, was die wesentlichen Positionen sind.

2.3.1 Resilienz als spezifische, persönliche Eigenschaft

Die Erkenntnis, dass Kinder sich trotz gegebener Risikofaktoren gut entwickeln (Werner 2001; Werner et al. 1971), führte zu einer Verstärkung der Forschungsbemühungen. Erkenntnisleitend war zunächst die Annahme, dass es sich bei Resilienz um ein spezifisches Persönlichkeitsmerkmal handelt. Eine spezifische persönliche Disposition, einer Widerstands- und Anpassungsfähigkeit gegen prekäre und bedrohliche Lebensumstände – vereinfacht ausgedrückt, eine ‚dicke Haut‘ (siehe Abb. 2.1).

Abb. 2.1 Resilienz als persönliche Disposition

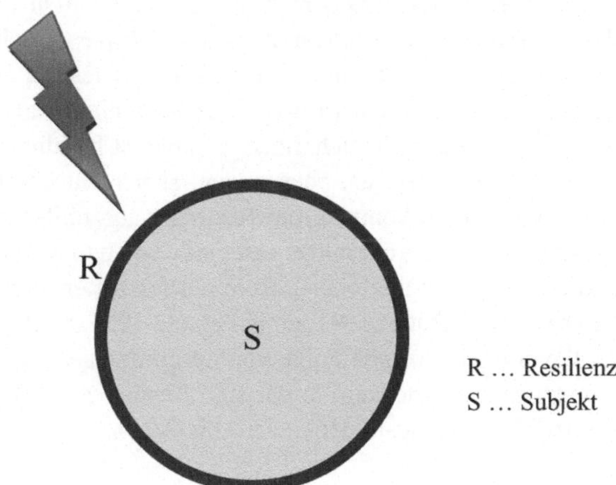

Diese Festlegung hat Vorteile, so lässt sich das Phänomen Resilienz wie auch andere Aspekte von Persönlichkeit in verschiedene Persönlichkeitstheorien einordnen, auch eine genetische Disposition zur Resilienz lässt sich vermuten und insgesamt erleichtert es in Anlehnung zur etablierten Methodik der Erforschung anderer Persönlichkeitsmerkmale auch Resilienz zu operationalisieren (Schumacher et al. 2004).

Tatsächlich legen einige Studien nahe, dass es eine genetische Disposition in einem gewissen Ausmaß geben muss, jedoch lässt sich Resilienz nicht ausschließlich so erklären. Man kann aber zumindest von einem Resilienzpotenzial ausgehen.

2.3.2 Resilienz als prozesshaftes Geschehen

Ein anderer Ansatz versteht Resilienz als Folge von bestimmten Faktoren, die schützend, bewahrend, ja möglicherweise sogar förderlich wirken. Wenn es solche *protektiven Faktoren* gibt, hat das zum einen zur Folge, dass Resilienz nicht einfach nur vorhanden ist, sondern wahrscheinlich eine Entwicklung, einen Prozess darstellt und zum anderen in Abhängigkeit und Wechselwirkung mit den gegebenen situativen Bedingungen zu verstehen ist.

Als einer der ersten Forscher legte Norman Garmezy Augenmerk auf diese schützenden Faktoren. Er versteht Resilienz als die Möglichkeit der Erholung von einem krisenhaften Ereignis. Dies gelingt umso besser, je besser schützende Faktoren wirken (vgl. Garmezy 1993 zit. n. Müller und Petzold 2003, S. 3). Wurde dieses bedrohliche Ereignis gut bewältigt, ist der Mensch in der Lage, wieder den Status vor dem Ereignis zu erreichen – ohne bleibende Schädigung.

Michael Rutter (1999) baut auf den Annahmen Garmezys auf und erweitert dessen Sicht. Er geht davon aus, dass sich persönliche Bewältigungsmuster aus biografischen Bewältigungserfahrungen entwickeln, und damit, dass Resilienz in Prozessen entwickelt wird. Resilienz ist demnach also das Ergebnis einer Reihe von Lernprozessen. Ja mehr noch: Es braucht für eine gesunde Entwicklung Erfahrungen mit schwierigen, belastenden, aber nicht überfordernden Situationen, die bewältigt werden konnten, um Resilienz auszubilden: „Probably resilience does not mainly derive from things that make you happy but rather from the self-esteem and coping skills that comes from successful encounters with earlier challenges and stresses." (Rutter 1991 zit. n. Petzold 1995, S. 192).

Wenn Resilienz eine Folge von Lernprozessen ist, ist immer auch die zeitliche Dimension mitzudenken, in der sich Resilienz als Folge von Bewältigungs- und Lernerfahrungen ausbildet (siehe Abb. 2.2).

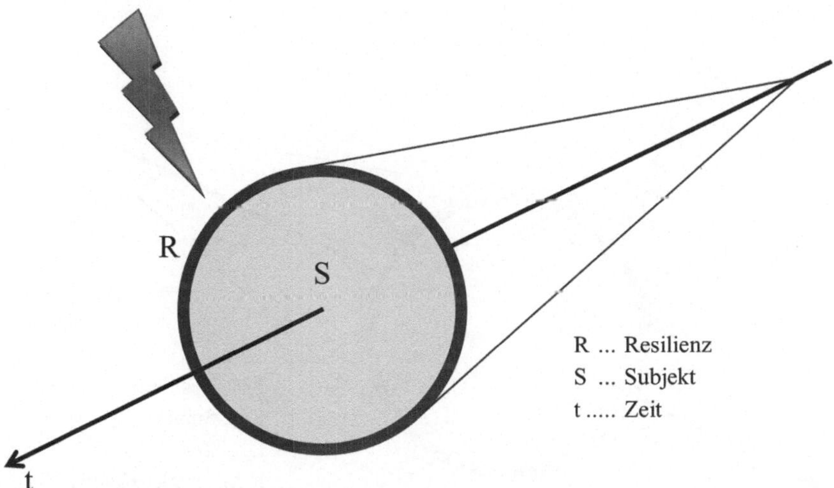

Abb. 2.2 Resilienz als Lernprozess im zeitlichen Kontinuum

Eine gute Übersicht zu den Schutz- und Risikofaktorenkonzepten, sowie über empirische Befunde zu diesen hochkomplexen Wechselwirkungen bieten Fröhlich-Gildhoff und Rönnau-Böse (2014).

2.3.3 Resilienz als Folge sozialer Einbettung und kulturellen Bedingungen

Der soziologische Ansatz in der Resilienzforschung erweitert die deterministischen und prozessualen Überlegungen, um den fokussierten Blick auf den sozialen Kontext.

Einer der wichtigsten Vertreter dieses Ansatzes ist Glen H. Elder, der in mehreren Arbeiten unterschiedliche Bevölkerungsgruppen hinsichtlich der Auswirkungen schwieriger Lebensumstände untersuchte. Er interessierte sich insbesondere für die kulturellen Einflussgrößen, die er in sozialen Milieus, der Einbindung in lokalen Communities und der Beziehungsqualität zu Eltern oder anderen relevanten erwachsenen Bezugspersonen verortete. Beziehungsangebote oder allgemeiner, *social support*, die soziale Unterstützung, sieht er als wesentliche situative Bedingung zur Entwicklung von Resilienz. (Elder und Conger 2000).

Vergleichbare Ergebnisse fanden auch Nathan Caplan, Marcella Trautmann und John K. Whitmore bei der Untersuchung von vietnamesischen Flüchtlingen. Es

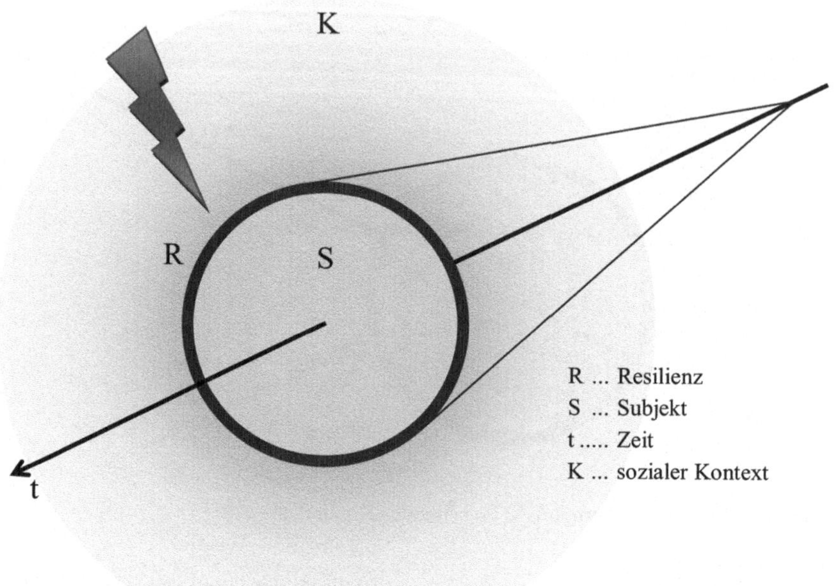

Abb. 2.3 Resilienz als Lernprozess in Kontext und Kontinuum

zeigte sich auch hier die Bedeutung des social supports: so scheint die kollektivistisch geprägte Gesellschaft der Vietnamesen einen wichtigen stützenden Faktor für Kinder der Flüchtlinge darzustellen (Caplan et al. 1989).

Wieder ist das zeitliche Kontinuum bedeutsam, aber die individuellen Lernprozesse werden durch die Beziehungserfahrungen und soziale Einbettung in soziale Kontexte angereichert. Das Subjekt ist also nicht nur in das zeitliche Kontinuum, sondern auch in soziale Kontexte, auch zu verstehen als externale protektive Faktoren, eingebettet (siehe Abb. 2.3).

2.3.4 Resilienz als Gesamtheit spezifischer Resilienzen

Die bisher dargestellten Positionen der Resilienzforschung verstehen Resilienz also als Folge von Entwicklungsprozessen, dem Zusammenwirken protektiver Faktoren und persönlicher Disposition.

Wie aber lässt es sich erklären, dass manche Menschen ihr ganzes Leben lang mit den Belastungen zurechtkommen, sich also resilient erwiesen haben, aber dennoch an irgendeinem Punkt im Leben in eine Krise stürzen und offenbar nicht mehr in der Lage sind, die Ereignisse und damit verbundenen Herausforderungen zu bewältigen?

Es liegt der Schluss nahe, nicht von ‚einer' oder ‚der' Resilienz zu sprechen, sondern eher von Resilienz in bestimmten Situationen. Im Zuge der biografischen Bewältigungserfahrung entwickeln Menschen *gute Praktiken*, differenzieren Verhaltensmuster aus, die in der Vergangenheit als hilfreich erlebt wurden. Kommt es nun zu ähnlichen Situationen, wird auf diese Erfahrung zurückgegriffen und die guten Praktiken eingesetzt.

So reagieren manche Menschen in Stresssituationen mit Rückzug, um sich Ruhe zu gönnen und zu überlegen, welche Schritte als nächsten sinnvoll wären. Andere wiederum gehen ganz aktiv nach außen, sprechen mit anderen Personen oder bitten um Hilfe. Wieder andere betätigen sich sportlich, um sich abzureagieren und ‚einen klaren Kopf' zu gewinnen. Selbstverständlich können auch weniger sozial angepasste Verhaltensweisen, wie bspw. aggressives oder delinquentes Verhalten oder Konsumation und Missbrauch von Substanzen als Ausdruck einer guten Praxis verstanden werden, die der handelnden Person in der Bewältigung von Belastungen hilft. Insgesamt stellen all diese Verhaltensmuster individuelle Bewältigungsstrategien (*Coping-Strategien*) dar.

Nicht jedes Problem, nicht jede Krise, lässt sich auf ein und dieselbe Art und Weise bewältigen. Menschen benötigen also ein ganzes Repertoire unterschiedlicher Coping-Strategien, um diese dann auch situations- und belastungsadäquat einzusetzen. Dieses Repertoire stellt damit selbst einen schützenden Faktor dar.

Aus diesen Überlegungen resultiert das Modell der *differenziellen Resilienzen*, also Resilienz als die Gesamtheit spezifischer Resilienzen, das Lotti Müller und Hilarion G. Petzold wie folgt zusammenfassen:

> Jemand ist nicht einfach ‚resilient' gegenüber bestimmten (oder gar allen) belastenden Ereignissen, sondern auch nur (jedesmal) dann, wenn er zu gerade diesem Zeitpunkt bzw. in dieser Lebensphase, in gerade diesem Umfeld und Kontext auf dem Hintergrund seiner Bewältigungsbiografie über genügend geeignete protektive internale und externale Faktoren und Abwehrkräfte verfügt und diese auch mobilisieren kann. (Müller und Petzold 2003, S. 3 f.)

Es ist zu unterscheiden zwischen dem (noch nicht nutzbaren) *Potenzial*, der nutzbaren *Ressource*, der *Kompetenz* (Wissen und Fähigkeit) und der *Performanz* (Handlungen) die Ressource zu nutzen. Erst das Zusammenspiel dieser Faktoren,

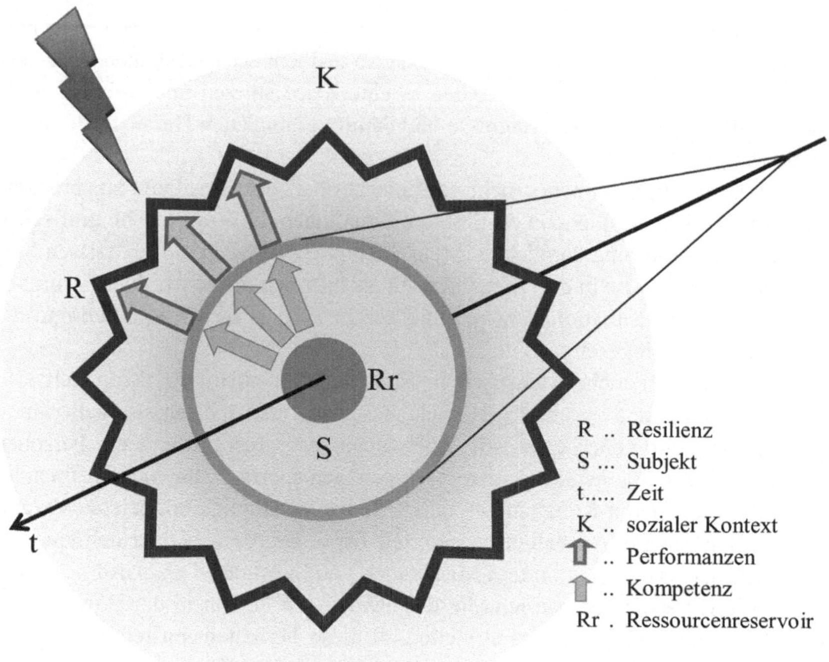

Abb. 2.4 Resilienz als Gesamtheit differenzieller Resilienzen

mit individuellen Lernerfahrungen und kontextualen Bedingungen ermöglichen die Entwicklung spezifischer Resilienzen (siehe Abb. 2.4).

Resilienz zeigt sich nach diesem Verständnis als Gesamtheit von spezifischen, differenziellen Resilienzen, die auf Kompetenzen und Potenzialen beruht und in Performanzen, im Sinne einer aktiven Nutzung der Ressourcen, umgesetzt werden.

2.4 Angrenzungen

Das dargestellte Resilienzkonzept weist eine Nähe zu anderen Konzepten auf, und greift unterschiedliche Aspekte daraus auf.

Insbesondere ist dabei das Konzept des *Sense of Coherence* (SoC) anzusprechen, das auf Aaron Antonovsky zurückgeht. Der SoC ist „eine globale Orientierung, die ausdrückt, in welchem Ausmaß man ein durchdringendes, andauerndes und dennoch dynamisches Gefühl des Vertrauens hat“ (Antonovsky 1997, S. 36). Dieses Vertrauen besteht in einer positiven Zukunftsorientierung und der Erwartung, dass man mit den sich ergebenden Herausforderungen des Lebens zurechtkommen wird und sich die damit verbundenen Anstrengungen lohnen. Gelingt es Betroffenen auf vorhandene Ressourcen zurück zu greifen, und positive Erfahrungen in der Bewältigung von Belastungen zu sammeln, stärkt das den SoC und stellt das Ergebnis von (sozialen) Interaktionen dar. Der SoC betrachtet insbesondere Bedingungen für Stabilität und nimmt emotionale und kognitive Bewertungen in den Blick.

Das von Suzanne C. Kobasa (1979) eingeführte Konzept der *Hardiness* beschreibt eine Persönlichkeitskonstellation, die Personen vor stressbedingten Erkrankungen schützt. Menschen mit ausgeprägter Hardiness zeigen demnach in Stresssituationen ein hohes Engagement, wollen etwas bewegen und haben eine hohe Bereitschaft sich auf Veränderungen einzulassen. Es konnte nachgewiesen werden, dass Personen mit stärker ausgeprägter Hardiness aktiv auf Stressoren reagieren und gezielt auf soziale Ressourcen zurückgreifen, die in der Situation hilfreich sind (Maddi 2012). Im Fokus steht Veränderung und der Blick auf die Verhaltens- und Handlungsebene.

Albert Bandura (1977) thematisiert den aktiven Umgang mit bestimmten Situationen im Rahmen des Konzepts der Selbstwirksamkeit bzw. der Selbstwirksamkeitserwartung unter Bezugnahme auf die das Konzept der Kontrollüberzeugung nach Julian B. Rotter (1966). Sowohl Rotter als auch Bandura gehen davon aus, dass es sich um sozial erlernte Bewertungen handelt, die Auswirkungen darauf haben, wie Personen denken, sich fühlen und verhalten. Als wesentliche Lernquellen werden eigene Erfolgserlebnisse, stellvertretende Erfahrung als Lernen am Modell, sowie die verbale Ermutigung, also soziale Unterstützung gesehen.

Die Konzepte stützen die Überlegungen zum Modell der differenziellen Resilienz und betonen die Lern- und Entwicklungsprozessen im Rahmen derer diese weiterentwickelt, erweitert und angereichert werden und damit zur weiteren Stärkung der *generalisierten Widerstandsressourcen* (Antonovsky 1997) beitragen, also selbst eine Ressource und protektiven Faktor darstellen.

3 Organisation

Dass überhaupt organisiert wird, flößt uns viel mehr Hochachtung ein als was und wie eigentlich organisiert wurde.
Kurt Tucholsky, deutscher Journalist und Schriftsteller (1890–1935)

Wie deutlich wurde, berücksichtigt das Konzept der Resilienz sowohl genetische Dispositionen, als auch prozessuale und situative Faktoren. Um nun aber Überlegungen anstellen zu können, ob Ähnliches auch für Organisationen gilt, müssen genau diese Aspekte, also auch das ‚Werden und Sein' von Organisationen betrachtet werden.

3.1 Vorüberlegungen

Man unterscheidet ganz grundsätzlich eine prozessuale (instrumental-funktionale) Sichtweise, bei der der Prozess des ‚Organisierens' im Zentrum steht und Organisation als ein steuerndes Instrument begriffen wird, von einer strukturellen Perspektive, die sich insbesondere mit dem Aufbau mit einem mehr oder weniger stabil gebauten hierarchischen Strukturgefüge auseinandersetzt (Schreyögg 2008). Es ist daher notwendig unterschiedliche Perspektiven auf Organisation einzunehmen und die jeweils getroffenen Erklärungen und gewonnene Erkenntnisse aufzugreifen. Mindestens ebenso bedeutend ist es aber, die aus der gewählten Perspektive heraus nicht zu beantwortenden Teilfragen, bewusst wahrzunehmen und auch grundlegende spezifische Annahmen und Erklärungsinteressen kritisch mit zu denken.

Unter Berücksichtigung dessen stellt sich nun also die Frage „Was ist ‚Organisation'?"

G. P. Hoffmann, *Organisationale Resilienz,* essentials,
DOI 10.1007/978-3-658-12890-6_3

3.2 Merkmale und Eigenschaften von Organisationen

In der Organisationsforschung hat sich zur Beschreibung von Organisationen ein einfaches Schema bewährt (siehe Abb. 3.1), an Hand dessen in den folgenden Abschnitten die wesentlichsten Merkmale von Organisationen beschrieben werden und hinsichtlich der Bedeutsamkeit für das Konstrukt der Organisationalen Resilienz betrachtet werden:

Im Grunde handelt es sich bei diesen Merkmalen und Eigenschaften um die *hard facts* von Organisationen, die wahrnehmbar, messbar und vergleichbar sind. In aller Regel lassen sich diese Aspekte gut kommunizieren und darstellen, man denke bspw. an die Präsentation von Bilanzergebnissen, die nicht selten Event-Charakter haben, zumindest, wenn wieder einmal der Gewinn erhöht werden konnte und damit der Shareholder-Value steigt.

Es würde hier zu weit führen, die einzelnen Aspekte in ihrer jeweiligen Besonderheit und begrifflichen Problematik darzustellen, die ohnehin in einschlägiger Literatur diskutiert werden (vgl. bspw. Kieser und Ebers 2006; Kieser und Walgenbach 2010; Preisendörfer 2011; Schreyögg 2008). Ich beschränke mich hier deshalb nur auf ein paar wenige Aspekte, die mir besonders bedeutsam für das Verständnis erscheinen.

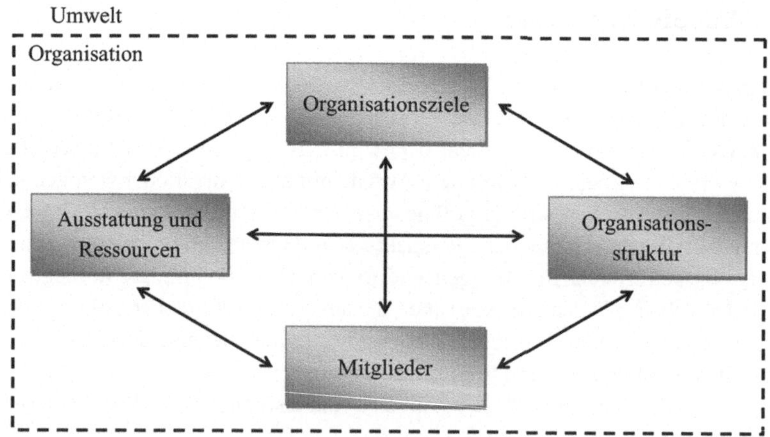

Abb. 3.1 Kernelemente von Organisationen, in Anlehnung an Scott und Davies, zit. n. Preisendörfer (2011, S. 59)

3.2.1 Umwelt

Die Überlegung, was die Umwelt der Organisation ist, ist keineswegs trivial, es macht einen Unterschied, ob man an Einflusssphären der Organisation, handelnde Personen oder die physische Erscheinung von Organisationen betrachtet.

Die Systemtheorie spricht davon, dass Organisationen Soziale Systeme sind, die sich durch Handeln konstituieren (Baecker 1999; Luhmann 1987, 2006; Martens und Ortmann 2006) und sich selbst erhalten, verändern und reproduzieren. Sie sind „strukturell an ihrer Umwelt orientiert" (Luhmann 1987, S. 35). Die Umwelt ist also „Voraussetzung der Identität des Systems, weil Identität nur durch Differenz möglich ist" (Luhmann 1987, S. 243). Die Organisation definiert sich durch das Erkennen einer Differenz zu ihrer Umwelt selbst. Verkürzt und vereinfacht heißt es: *Wir! ... und die anderen.*

Im Zusammenhang mit Organisationaler Resilienz ist natürlich von Bedeutung zu definieren, ob das gegebene Problem eines der Umwelt oder eines der Organisation ist. Es geht um Zuständigkeiten, Verantwortlichkeiten und Verantwortung, ggfs. auch um Haftung. Aber selbst, wenn es in der Umwelt zu verorten ist, gilt es zu überprüfen, welche Wechselwirkungen könnte es in die Organisation hinein haben. Je höher die Komplexität, die Dynamik und der Druck umso schwieriger ist es für die Organisation, sich zu distanzieren und wird es notwendig sein, in der Analyse der Problemlage mehrperspektivisch zu denken.

3.2.2 Mitglieder – Umwelt, Funktion und Rolle

Die Aufmerksamkeit ist auf eine zentrale Unterscheidung zu lenken: Wodurch unterscheiden sich Mitglieder von Nicht-Mitgliedern?

Handelt es sich bei Mitgliedern um Personen, die Rahmen eines Vertrages an die Organisation gebunden sind? – Das würde sowohl Mitarbeiterinnen und Mitarbeiter, als auch Honorarkräfte, in der Regel sogar Kundinnen und Kunden und Lieferanten miteinschließen, aber ehrenamtlich Tätige oder auch Leasingmitarbeiterinnen und -mitarbeiter ausschließen.

Handelt es sich ausschließlich um natürliche Personen? – Das würde alle juristischen Personen ausschließen, gleichwohl diese erheblichen Einfluss haben können.

Es zeigt sich, je genauer man es fassen will, umso mehr Probleme tun sich auf. Wenn sich Organisationen durch Handeln konstituieren, wie lässt sich das Handeln der Organisation von jenem der Akteure unterscheiden?

Die Systemtheorie (Baecker 1999; Luhmann 1987, 2006; Martens und Ortmann 2006) spricht von struktureller Koppelung von Akteuren und Organisation, in dem Personen über die Definition von Funktionen und Rollen für die Organisation so etwas wie „Erwartungsbündel" (Martens und Ortmann 2006, S. 445) darstellen. Personen sind also sowohl Umwelt, als auch – als Rollen- und Funktionsträger – Mitglieder der Organisation.

Generell lässt sich in diesem Zusammenhang festhalten, dass die Beurteilung von Mitgliedschaft zumindest verschwimmt – man denke an Leiharbeiterinnen und -arbeiter oder neue Formen der Selbstständigkeit und sich daraus ergebende Herausforderungen für Organisationen und Einzelne, die der amerikanische Soziologe Richard Sennett schon vor fast zwei Jahrzehnten beschrieben hat (Sennett 2000), aber heute immer noch von enormer Bedeutung sind.

3.2.3 Strukturen – Kristallisation einer Paradoxie

Strukturen stellen im Prinzip das ‚Skelett' von Organisationen dar, das sich im Laufe der Zeit in Organisationen herausbildet. Es lassen sich formale und informale Strukturen unterscheiden, die jeweils „System von geltenden Regelungen zur Steuerung von Leistung und Verhalten" (Kieser und Walgenbach 2010, S. 21) darstellen. Wurden informale Strukturen – also jene, die abseits der offiziellen, formal ausformulierten Regelungen wirken – lange als Gefährdung der formalen Struktur oder Störpotenzial verstanden, hat sich mittlerweile das Bild gewandelt und hat sich eine Sichtweise durchgesetzt, die die Funktion für das Soziale System einer Organisation betont. Informale Strukturen wirken ausgleichend und ergänzend zu formalen Regelungen und sind daher für das Gelingen des organisationalen Geschehens bedeutsam (vgl. Schreyögg 2008, S. 12 ff.).

Allgemein gesprochen regulieren Strukturen die Arbeitsteilung, Koordination, Herrschaftssicherung bzw. Hierarchie oder auch Delegation und Formalisierung und finden Ausdruck in den Aufbau- und Ablaufdarstellungen von Organisationen. Sie legen zukünftige Entscheidungen nicht fest, aber schränken den Entscheidungsraum ein, ohne Einzelentscheidungen vorweg zu nehmen (Baecker 1999; Luhmann 2006; Martens und Ortmann 2006).

Nicht zu übersehen ist, dass Strukturen Kristallisationspunkt einer Paradoxie von Organisation sind: Das Komplexitätsgefälle zu ihrer Umwelt zwingt Organisationen zu hochselektiven internen Be- und Verarbeitungsprozessen, dadurch wird eine gezielte Fokussierung erreicht, verstellt aber gleichzeitig den Blick auf möglicherweise relevante Entwicklungen der organisationalen Umwelt. Je näher eine Organisation am Max Weberschen „stahlharten Gehäuse" (Kieser 2006, S. 76) operiert, desto weniger ist Fremdreferenz möglich. In der Folge stehen Umweltveränderungen der Organisation nicht als Information zur Verfügung und die Organisation kann sich nicht ausreichend daran anpassen.

3.2.4 Von Organisationszielen zu Sinn und Zweck von Organisationen

Die Zielgerichtetheit und Zweckbezogenheit ist ein ganz wesentliches Merkmal von Organisationen. Organisationsziele resultieren aus der Pluralität der persönlichen Ziele der Mitglieder für sich, aber auch für die Organisation. Diese Ziele sind häufig voneinander abhängig und beeinflussen sich wechselseitig. Die Ziele sind natürlich auch von der Branche abhängig, so sind in NPOs völlig andere persönliche, aber auch organisationale Ziele vorherrschend, als in gewinnorientierten Unternehmen.

Die Bedeutung von Zielen liegt in ihrer handlungs- und entscheidungsleitenden Eigenschaft (vgl. Preisendörfer 2011, S. 63 f.), was aus der Position der Systemtheorie unter Berücksichtigung der prozessualen Selbstreferenz allerdings nicht sehr nachvollziehbar ist. Deshalb ist es günstiger, den Begriff Ziel etwas zu erweitern, nämlich als Sinn und Zweck. *Sinn* meint in diesem systemtheoretischen Verständnis, das „Geflecht von Unterscheidungen, Verweisungen und Relationen" (Krieger 1998, S. 60) und *Zweck* soll verstanden werden als beabsichtigte Folge des eigenen Handelns. Ziele, verstanden als Sinn und Zweck, sind damit nichts anderes als Entscheidungsprämissen der Organisation selbst.

Mit dieser Perspektive löst man sich von der Vorstellung, dass Organisationen Instrumente zur Verwirklichung von extern – unabhängig, ob individuell oder kollektiv – gesetzten Zielen sind, sondern vielmehr eigene Ziele verfolgen. Diese Organisationsziele müssen zwangsläufig den individuellen Zielen übergeordnet sein, oder – radikal ausgedrückt – Organisationen folgen ausschließlich dem Ziel des Selbsterhalts.

3.2.5 Ausstattung und Ressourcen

In der Organisationsforschung hat sich der Begriff des *resource-based views* etabliert, wobei zwei grundsätzliche Perspektiven zu unterscheiden sind: die Ressourcenabhängigkeitsperspektive und der Kernkompetenzansatz.

Der *Resource-Dependence-Ansatz* von Jeffrey Pfeffer und Gerald Salancik (2003) problematisiert die Abhängigkeit einer Organisation von ihrer Umwelt, die eine erhebliche Unsicherheitssituation schafft. Es werden Strategien notwendig, dass sich die Organisation entweder an die Umwelt anpassen kann oder aber versucht ihrerseits die Umwelt durch geeignete Maßnahmen zu beeinflussen (Pfeffer und Salancik 2003; Schreyögg 2008).

Der *Kernkompetenzansatz*, der auf Coimbatore K. Prahalad und Gary Hamel zurückgeht, legt seinen Blick weniger auf die Umwelt, sondern stärker auf die vorhandenen und entwickelten Ressourcen. Jede Organisation bildet singuläre Kompetenzen und Fähigkeiten aus, die eine „erfolgreiche strategische Differenz" (Schreyögg 2008, S. 299) ermöglichen. Im Gegensatz zur Idee, dass sich Organisationen anpassen müssen, postuliert dieser Ansatz die Entwicklung von *unique selling propositions*, die ihrerseits den Ressourcenfluss mitbeeinflussen (Schreyögg 2008; zu Knyphausen-Aufseß 2000).

Gerade die Perspektive der Ressourcenabhängigkeit legt nahe, dass es mit eine Vielzahl von krisenauslösende und –empfindliche Aspekte gibt. Der Kernkompetenzansatz hingegen weist in Richtung eines Kompetenz- und Ressourcenbewusstseins und damit eines aktiven Handelns.

3.3 Organisationskultur

Die isolierte Betrachtung bestimmter organisationaler Merkmale ist nicht ausreichend, um eine Organisation adäquat zu beschreiben. Selbst der Blick auf die gegenseitige Beeinflussung und Wechselwirkung greift zu kurz – es spannt sich etwas auf, in diesem multidimensionalen Feld, das die Mitglieder und deren Verhalten – die hard facts – miteinander in Beziehung setzt, eine Wirkung erzeugt, die über die Beschreibung der Merkmale hinausgeht und die Organisation ‚beseelt'.

In der Regel wird für dieses Phänomen der Begriff der Organisationskultur verwendet, der in der Folge aufgegriffen wird und so auch die *soft-facts* von Organisation und ihre Bedeutung für organisationale Krisen bzw. organisationale Resilienz in den Blick zu nehmen.

Vor allem Edgar H. Schein hat das heutige Verständnis von Organisationskultur geprägt, und beschreibt es als Muster von Grundannahmen und –regeln einer Gruppe, mit Hilfe derer sie Probleme zu lösen versucht und sich Anpassungsprozesse vollziehen (Schein 2010). Interessant ist, dass in Anleihe an die Ethnologie Organisationen als souveränes Kultursystem begriffen werden, in dem sich eigene, unverwechselbare kollektive geprägte Muster entwickeln, die Orientierung in der Bearbeitung und Bewältigung von Aufgaben und Fragestellungen geben – also als Entscheidungsprämissen, wie Strukturen, wirken.

Im Begriff der Organisationskultur spiegeln sich also auch *gelungene Prozesse* wider, in denen sich Lernerfahrungen, die Historizität und Normen kristallisieren, was zu guter Letzt insgesamt vertrauensstiftend ist. Organisationskultur gibt damit insbesondere in Situationen hoher Komplexität und Unsicherheit handlungssteuernde und –leitende Orientierung (Kieser und Walgenbach 2010) und kann gerade in Krisensituationen bedeutend zur Stabilisierung beitragen.

3.4 Zusammenfassung

Bei all der Unterschiedlichkeit der Perspektiven auf Organisation wurde deutlich, dass die Theorie sozialer Systeme eine umfassende Konzeption zur Verfügung stellt und daher auch den Kern des Organisationsverständnisses dieser Arbeit darstellt, nicht ohne aber wesentliche Aspekte kritisch zu sehen:

Die Reduktion auf den Funktionalismus vernachlässigt den Menschen als relevanten Bezugspunkt oder unterstellt fortwährend Zweckrationalität. Dies wiederum hat Folgen für ethisch-moralische Fragen: wenn nämlich der Zweck die Mittel heiligt, müssten zwangsläufig auch ethische Aspekte in die Diskussion mit eingebracht werden oder zumindest auf die damit verbundene Verantwortung hingewiesen werden (Martens und Ortmann 2006). Tatsächlich wird man auch in Organisationen nicht darum umhinkommen bei Interessenskonflikten sich auch mit Fragen von Werten, Haltungen und Normvorstellungen auseinandersetzen zu müssen (Petzold 2007c) und zwar nicht nur im Sinne von Entscheidungsprämissen (Schermann 2012).

In zu geringem Ausmaß berücksichtigt bleiben auch Menschen als Akteure. Aus Sicht Luhmanns ist die ursprüngliche Gründungsintention, die zwangsläufig auf den Menschen bezogen ist, keine relevante Größe. Eine ausschließlich funktional argumentierte Entstehung und selbstreferentielle Definition von Zielen, erscheint allerdings beliebig. Den Selbsterhalt als Ziel zu definieren, ist zweifellos nachvollziehbar, darüber hinaus wird aber sinnvoll sein, wie oben erwähnt, in der Beschreibung von Zielen auch die Begriffe Sinn und Zweck zu berücksichtigen.

Sinn soll dabei nicht rein systemtheoretisch, als komplexitätsreduzierend verstanden werden, sondern allgemeiner als „Verweisungshorizont“ (Petzold 2003a, S. 102) in dem Sinn zu verorten (Simon 2004) ist. Diese intersubjektive Bezogenheit weist direkt auf die oben dargestellte Organisationskultur und macht damit deutlich, dass Organisationskultur wohl das zentrale Moment im Umgang mit organisationalen Krisen darstellt.

Auch die Betonung der Selbststeuerung hat Folgen: Steuerungsversuche von außen – auch das Management einer Organisation wäre demnach nur Umwelt – würden bestenfalls Irritationen darstellen und jegliche Planung, Intentionalität und nicht zuletzt auch Verantwortung ins Abseits geschoben werden. Wieder geht es um Erweiterung durch eine ethische Auseinandersetzung und Überlegungen zu *Macht*. Dabei ist sowohl begrenzte Rationalität der Handelnden zu berücksichtigen, als auch die Eigenwilligkeit von sozialen Systemen zu würdigen.

Es braucht zur Ergänzung der funktionalistischen Sicht auch machttheoretische und natürlich subjekttheoretische Überlegungen als zusätzliche Bezugsrahmen (Petzold 2007c). Bestimmungsfaktoren sind unterschiedliche organisationale Ebenen, jene des ‚intersubjektiven Milieus', damit aber auch jene des einzelnen Subjekts (hinsichtlich Einschätzungen und Bewertungen) und nicht zuletzt die Ebene der Organisation selbst. Diese Ebenen stehen in ständiger Interaktion miteinander und bilden ein komplexes Soziales System (siehe Abb. 3.2).

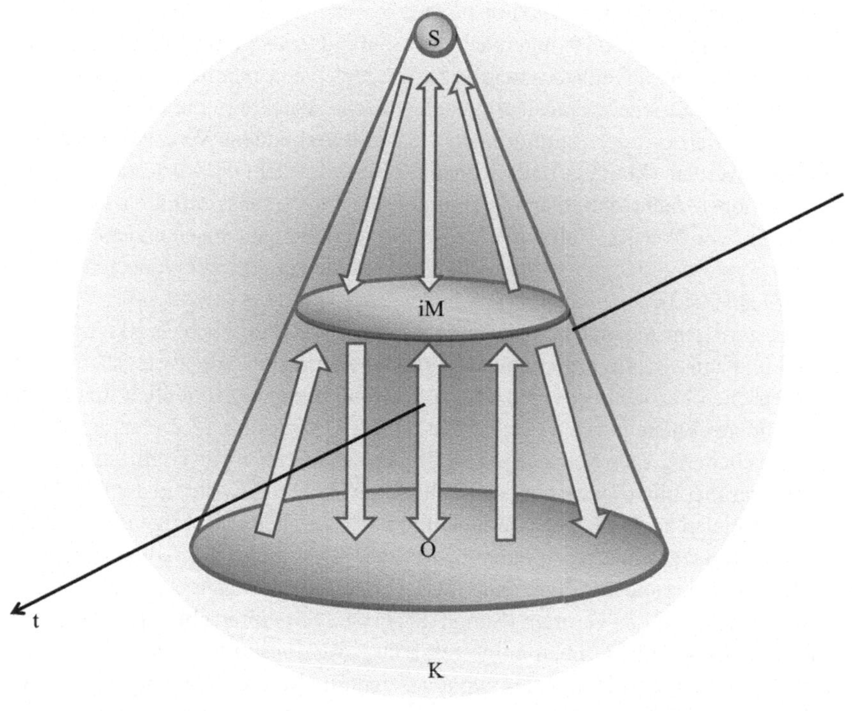

S ...... Ebene des Subjekts
iM .... Ebene des intersubjektives Milieu
O ...... Ebene der Organisation
t .... Zeit
K ..... Kontext

Abb. 3.2 Organisation als komplexes System in Kontext und Kontinuum

Dieses komplexe System bildet in Folge seiner Organisationsphilosophie eine Konzeption, eine Aufbau- und Ablauforganisation, eine Identität und eine Kultur aus. Dieses Gerüst stellt nun die ‚Persönlichkeit' der Organisation dar. Dieses System ist in seiner Gesamtheit in Kontext und Kontinuum verortet, darüber hinaus gibt es selbstverständlich für jedes einzelne Element aber eine je individuelle Verortung in Kontext und Kontinuum (in der Abbildung nicht dargestellt).

Organisationale Resilienz 4

Krise kann ein produktiver Zustand sein, man muss ihr nur den Beigeschmack von Katastrophe nehmen.
Max Frisch. schweizer Schriftsteller (1911–1991)

Gerade in wirtschaftlich unsicheren Zeiten, ist es nachvollziehbar, dass der Blick darauf gelenkt wird, was Organisationen tun können, um bestehen zu bleiben und sich damit resilient gegenüber (wirtschaftlichen) Krisen zu zeigen.

Ist der Begriff der organisationalen Resilienz für krisenhafte Fälle in ihrer gesamten Bandbreite anwendbar? Bezieht er sich ausschließlich auf wirtschaftliches Überleben oder sind auch andere Aspekte mitberücksichtigt, die für Organisationen relevant sind?

4.1 Stand der Diskussion

Der Begriff der Resilienz ist in den letzten Jahren hochmodern geworden, gleichzeitig bleibt die Bedeutung von arbeits-, oder allgemeiner gesprochen systembezogener Resilienz vage und undifferenziert, sondern überwiegen eher konzeptionelle Überlegungen. Empirische Befunde gibt es sehr wenige und wenn doch, beziehen sie sich stärker auf Individuen, also die personale Resilienz, denn auf den organisationalen Kontext. Dennoch wird angenommen, dass es Organisationale Resilienz gibt, die sich langfristig darin zeigt, dass diese Organisationen Krisen bewältigen und gestärkt daraus hervorgehen (Allenby und Fink 2005).

In der Literatur werden dabei häufig extreme Ereignisse fokussiert (beispielhaft Seville 2009; Weick und Sutcliffe 2010). Das legt den Schluss nahe, dass *day-to-day-crises* irrelevant für organisationale Resilienz sein müssten. Im Vergleich mit personaler Resilienz wären – würde man dieser Schlussfolgerung folgen – prekäre

G. P. Hoffmann, *Organisationale Resilienz,* essentials,
DOI 10.1007/978-3-658-12890-6_4

Lebenskontexte irrelevant für die Resilienzforschung, sondern ginge es lediglich um massive, existenzbedrohende Einwirkungen. Es ist nachvollziehbar, dass diese Perspektive eine sehr eingeschränkte Sicht auf das Phänomen liefert.

Eine etwas andere Argumentationslinie verfolgt Yossi Sheffi (2007) der auch die Bedeutung von „Small Disruptions" (Sheffi 2007, S. 3) betont. Er setzt dabei organisationale Resilienz als Gegenpol zur Vulnerabilität moderner, global organisierter Organisationen in deren dichten Geflecht von Abhängigkeiten. Demnach ist es Flexibilität, die den wirtschaftlichen Erfolg und Vorsprung sichert.

Eine völlig andere Perspektive – fast ist man geneigt zu sagen, es handle sich um die Antithese – vertritt Nassim Nicholas Taleb mit dem Begriff der *Antifragilität* (Taleb 2013). Er pointiert und polarisiert, in dem er Antifragilität als das universelle Prinzip von Veränderung darstellt, wobei die relevante Erweiterung folgende ist: „Das Robuste oder das Resiliente sind durch Unbeständigkeit und Unordnung weder angreifbar, noch nützen sie ihnen – das Antifragile hingegen profitiert davon." (Taleb 2013, S. 31). Damit greift er einen grundlegenden Aspekt des oben dargestellten Resilienzverständnisses auf, dass nämlich positive Bewältigungserfahrungen dazu führen, dass die daraus entwickelte differenzielle Resilienz zukünftig als internaler protektiver Faktor zur Verfügung steht. Interessant ist der Befund, dass die Diskussion im deutschsprachigen Raum, genau diesen Aspekt, nämlich die Stärkung von Potenzialen in den Mittelpunkt rückt (Heller et al. 2012).

Im Folgenden wird der Begriff der Krise im Kontext von Organisationen geschärft und überprüft, ob das oben entwickelte Verständnis von differenziellen Resilienzen als protektive Faktoren überhaupt auf soziale Systeme übertragbar ist.

4.2 Organisationale Krisen

Ginge es nach Luhmann, wäre die Verwendung des Begriffs Krise im Kontext von Organisationen unpassend, was er pointiert zusammenfasst: „Fürs Überleben genügt Evolution." (Luhmann 1987, S. 645). Dennoch: es gibt zweifellos Situationen in denen der Fortbestand der Organisation gefährdet ist. Luhmann sieht den ausschließlichen Grund im „Sinnverlust" (Luhmann 1987, S. 587) – der Auflösung der Umwelt-System-Differenz in Folge des Scheiterns der selbstreferentiellen Beobachtung.

Will man aber Krise von Organisationen als Phänomen verstehen, braucht es wohl eine etwas breitere Basis, wobei folgende Bedingungen als Kernelemente gelten: Es gibt eine Belastungssituation oder adversive Ereignisketten, es gibt eine Unterscheidung zur Normalität und bisherige Erfahrungen werden in Frage gestellt, weil die gute Praxis der Vergangenheit nicht mehr funktioniert. Es braucht Problemlösungen, die mit den verfügbaren und selbstverständlichen Möglichkeiten nicht mehr möglich sind. Der in Folge zu erwartende Verlust von Stabilität führt zum Verlust von Vertrauen in die Verlässlichkeit von bisher Erlebten und Gelernten und es kommt zur Auflösung und Deregulation. Eine organisationale Krise ist demnach eine Gefährdung der organisationalen Identität.

> „Krise ist die Labilisierung eines Systems durch eintretende Noxen in einer Weise, dass seine habituellen Bewältigungsleistungen (coping) und kreativen Gestaltungspotenziale (creating) nicht mehr greifen und seine Ressourcen sich erschöpfen. Seine dynamischen Regulationsprozesse werden damit schwerwiegend beeinträchtigt, so dass das System in Turbulenzen gerät und überschießend oder regressiv zu dekompensieren droht, können nicht Ressourcen und Copinghilfen von außen herangeführt und genutzt werden, um den Krisenprozess zu beruhigen und eine Neuorientierung zu ermöglichen." (Petzold 1975, S. 1)

4.3 Organisationale Identität

Der Prozess der Identitätsentwicklung auf organisationaler Ebene folgt aus der Auseinandersetzung mit Grenzen, Strukturen, Zielen und Ressourcen, in Identifizierungsprozessen durch Fremdattribution und deren differenzierenden kognitiven und emotionalen Bewertung durch die Mitglieder der Organisation. Diese Bewertung führt zu Identifikationsprozessen (Selbstattribution) und ähnelt damit stark der Entwicklung von personaler Identität.

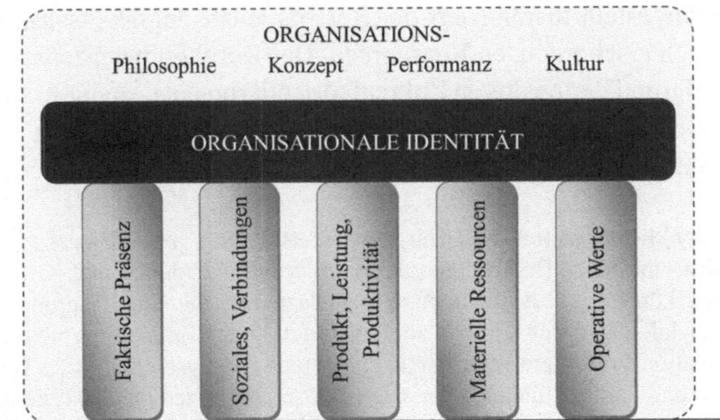

Abb. 4.1 Die Fünf Säulen der organisationalen Identität

Das bereits angerissene Modell der ‚Fünf Säulen der Identität' lässt sich demnach auch auf organisationale Zusammenhänge umformulieren (siehe Abb. 4.1). Die organisationale Identität stellt einen Teil der ‚Persönlichkeit' einer Organisation dar und entwickelt sich in Wechselwirkung mit der Philosophie, dem Konzept, der Performanz und der Kultur der Organisation. (vgl. Petzold 2007c, S. 184 ff.).

Unter *faktischer Präsenz* wird das wahrnehmbare Erscheinungsbild verstanden, dazu zählen beispielsweise der Sitz der Organisation und das Logo. Dadurch wird die Organisation im umgebenden Feld erlebbar gemacht und wirkt dadurch auch nach innen durch Selbst- und Fremdattribution. Die *soziale Einbindung*, stellt die Verbindungen mit Menschen und anderen sozialen Systemen dar. Hier verschränken sich Innen- und Außenperspektive, also Identifikations- und Identifizierungsprozesse beständig. Die *Leistungsdimension* von Organisationen wird ebenfalls von außen (dem Markt) ständig beobachtet und beurteilt. Hier zeigt sich die Organisation auch operativ, Managementtätigkeiten in Richtung Qualitätsentwicklung und -sicherung zeigen sich also hier. Diese Dimension der *materiellen Ressourcen* berücksichtigt den materiellen Status einer Organisation, der sich insbesondere in guten Geschäftsergebnissen, vorhandenen Sicherheiten und Anlagen zeigt. Die *operativen Werte* dienen der ‚Identitätsmarkierung' und der Imagepflege nach außen, sind aber auch ein wichtiger Aspekt der Steuerung nach innen.

Offenbar lassen sich die Aspekte, die für die personale Identität gelten, ohne allzu große Probleme auf soziale Systeme übertragen und sind auch in ihrer dynamischen Wechselwirkung, ganz ähnlich zu verstehen.

4.4 Organisationale Ressourcen in Krisen

Wie bereits dargestellt thematisiert der Ressourcenabhängigkeitsansatz die Problematik der sich erschöpfenden Ressourcen. Der Kernkompetenzansatz kann, insbesondere aufgrund der positiven Zukunftsorientierung als Analogie zum Sense of Coherence und der Selbstwirksamkeitserwartung verstanden werden.

Ressourcen sind im organisationalen Kontext …

> „…alle erdenklichen Mittel der Hilfe und Unterstützung, ja die Prozesse des ‚Supports' selbst, mit denen Belastungen, Überforderungssituationen und Krisen bewältigt werden können. … Ressourcen tragen dazu bei, die Stabilisierung … eines maroden sozialen Systems, einer desorganisierten Organisation zu ermöglichen, die Selbstregulationskräfte und Interaktionskompetenz des Systems mit der Umwelt zu restituieren und darüber hinaus – derartige Konsolidierungen überschreitende – Entwicklungen auf den Weg zu bringen und zu fördern.“ (Petzold 2007b, S. 290).

4.5 Organisationale Resilienz – multitheoretisch fundiert

Führt man nun die Überlegungen der vorangegangenen Kapitel zusammen wird deutlich, das dass skizzierte Verständnis von Identität, Ressourcen und Krisen es zulässt, dass Soziale Systeme in Analogie zu personalen Systemen betrachtet und organisationale Resilienz konzeptualisiert werden kann, wenn das Verständnis von Organisation nicht auf der Ebene der sozialen Systems im Sinne Luhmanns bleibt, sondern durch *Rückbindung an das intersubjektive Milieu menschlicher Sozialität* eine Bezogenheit und Sinnhaftigkeit erhält. Daraus lässt sich ein komplexes Modell der organisationalen Resilienz darstellen (siehe Abb. 4.2) und schlussendlich wie folgt definieren:

► Unter Organisationaler Resilienz ist das komplexe Ergebnis aus dem Zusammenwirken von Ressourcen, Kompetenzen und Performanzen individueller, intersubjektiver und organisationaler Art zu verstehen, in dessen Folge in Interaktion mit der Umwelt fortlaufend differenzielle Resilienzen gegenüber spezifischen, die organisationale Identität gefährdenden, Ereignissen oder dauerhaft bestehenden ungünstigen Umweltbedingungen ausgebildet werden und so durch angemessene Situationsanpassung den dauerhaften Bestand einer Organisation oder eine Organisationseinheit als soziales System absichern und darüber hinaus dessen Weiterentwicklung ermöglichen.

Die Annahme liegt nahe, dass eine Organisation mit ihrer Größe oder auch in Abhängigkeit der Dichte und Stabilität des Netzes an Interaktion und Wechselwirkung stabiler wird. Tatsächlich stellt, wie oben schon dargestellt wurde, die Vielfalt der im Ressourcenreservoir gespeicherten Ressourcen, einen protektiven Faktor dar.

Empirische Ergebnisse – und hier beziehe ich mich auf deutschsprachige Untersuchungen – kommen zu Ergebnissen, die dieses Modell unterstützen. Breit angelegte interdisziplinäre Studien zu Arbeit und Leben in Organisationen (Haubl et al. 2013; Haubl et al. 2013) identifizieren Resilienzfaktoren, die jenen personaler Resilienz ähneln (vgl. insb. Haubl 2013), und insbesondere Sinn (Anerkennung), social support (Kollegialität) und Führungskompetenz (Verstehbarkeit) ins Zentrum stellen.

Jutta Heller et al. (2012) haben folgende Dimensionen organisationaler Resilienz ermittelt:

- Optimismus
  Optimismus zeigt sich in einer grundsätzlich positiven Grundeinstellung der Mitarbeiterinnen und Mitarbeiter und dem Vertrauen darin, dass sich das Unternehmen gut entwickeln wird.

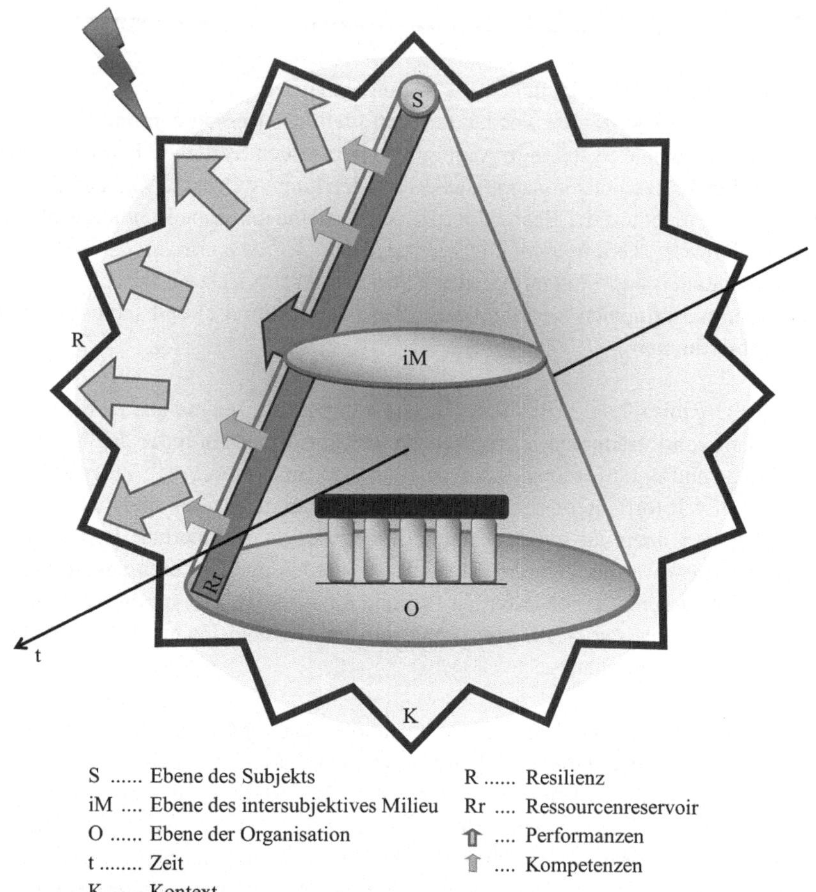

Abb. 4.2 Komplexes Modell organisationaler Resilienz

- Akzeptanz
  Diese Dimension betrachtet, wie die Organisation mit situativen und unveränderlichen Bedingungen umgeht und lässt sich als Situationsbewusstsein verstehen.
- Ziel- und Lösungsorientierung
  Mit Ziel- und Lösungsorientierung wird das Aktivitätsniveau beschrieben, mit der Entscheidungen, Veränderungen und Anpassungen betrieben werden. Zu hohes Aktivitätsniveau ist ebenso schädlich, wie zu geringes.

- Chancenorientierung und Selbstwirksamkeit
  Hierbei geht es um die aktive Gestaltung von Entscheidungsprozessen und Strategien, aber auch die zugrundeliegende Beurteilung der situativen Bedingungen.
- Verantwortung
  Die Dimension der Verantwortung spiegelt organisationale Strukturen wider, in dem es vor allem um klare Regelungen von Verantwortungsbereichen und Aufgaben geht.
- Netzwerkorientierung
  Diese Dimension beleuchtet einerseits das ‚soziale Netz' der Organisation, aber auch wie sehr die vorhandenen sozialen Ressourcen (intern und extern) genutzt werden.
- Zukunftsorientierung
  Hier geht es um Antizipation und proaktive Gestaltung von Zukunft (oder möglichen Zukünften), sowie die damit verbundene strategische Positionierung.

Die Ergebnisse machen deutlich, was spezifische organisationale Merkmale von Resilienz sind. Es handelt sich insgesamt um Faktoren, die Ausdruck der Organisationskultur sind, unmittelbar auf individueller Ebene wirken und eine zwischenmenschliche Komponente haben.

Führungspraxis zur Förderung organisationaler Resilienz

5

Culture eats Strategy for breakfast
Peter F. Drucker, amerikanischer Ökonom (1909–2005)

Führungskräfte und Entscheider sind gefordert in oftmals volatilen, komplexen manchmal auch hyperturbulenten Umgebungen Entscheidung zu treffen, die ‚richtig' sind.

Wie kann das Kunststück von Führung gelingen? Was macht Führung aus, die organisationale Identität stabilisieren kann? Wie soll Führung konkret in der Praxis aussehen, um die organisationale Resilienz zu fördern und abzusichern?

5.1 Grundsätzliches zu Management und Leadership

Wovon sprechen wir überhaupt, wenn von *Leitung*, *Management* und *Führung*, *Leadership* sprechen?

Die Begriffe sind tatsächlich schwammig. Je nach Disziplin verschiebt sich die Bedeutung ein wenig, so verstehen Wirtschaftswissenschaften die beiden Begriffe im Prinzip nahezu synonym, wobei tendenziell unter ‚Leitung' die Funktion und unter ‚Führung' der Prozess (das Verhalten, die Handlungen) gemeint ist. In der Psychologie wird explizit der Begriff der Menschenführung verwendet, der als handlungstheoretischer verstanden wird. In den Sozialwissenschaften ist ebenfalls der prozessuale Charakter von Führung hervorgehoben und meint ‚Koordination', ‚Planung' und ‚Kontrolle' in Gruppen und Organisationen. Hier ist auch am ehesten der englische Begriff des ‚leadership' anzusiedeln. ‚Management' hingegen lässt sich eher verstehen als die Funktion, mit den Aufgaben ‚Verwalten', ‚Organisieren'.

Unabhängig von der Disziplin lässt sich Führung und Leitung aber institutional (zuständige Person oder Personengruppe, wie bspw. Geschäftsführerin, ‚die

G. P. Hoffmann, *Organisationale Resilienz,* essentials,
DOI 10.1007/978-3-658-12890-6_5

kollegiale Führung'), funktional (Aufgaben der Führung) und prozessual (Führungsprozesse) verstehen.

5.1.1 Management verwaltet und formalisiert

In den letzten Jahrzehnten entwickelten sich eine Reihe von Managementmethoden und Instrumente, die im Wesentlichen das Ziel verfolgen, die Steuerungsfunktion zu formalisieren und Entscheidungsprämissen zu etablieren.

Häufig werden dazu Kennzahlensysteme genutzt, die relativ einfach zu erfassende Merkmale beobachten und damit versucht, die Subjektivität von Führung in den Griff zu bekommen. Diese Systeme müssen von betrieblichen Kontroll- und Reporting-Systemen begleitet sein. Management wird damit zum dominanten Prinzip von Organisationen, indem Komplexität reduziert, und vermeintlich Unsicherheit verringert wird. Allein: die erhaltenen Antworten sind oftmals unzulässige Simplifizierungen, auch wenn es verführerisch scheint (vgl. Addor 2012, S. 34 ff.), was eine Reihe von unerwünschten Wirkungen zur Folge hat:

Zum einen werden die Handlungsoptionen deutlich eingeschränkt. Oder wie ein geflügeltes Wort der systemischen Organisationsberatung meint: Für einen Hammer ist jedes Problem ein Nagel. Letztlich entscheiden die im Vorfeld festgelegten Ziele, bzw. die Abweichung von den Zielen über die nächsten Schritte, quasi-automatisierte Lösungen (Entscheidungsprogramme) ersetzen den Aushandlungsprozess der Entscheidungsfindung, Kreativität und Innovation sind unterbunden, ja mehr noch: sie gelten als Regelverstoß und werden vermieden.

Zum anderen stellt sich die Frage, wie entschieden werden soll, wenn Situationen eintreten, die nicht durch Handlungs- und Entscheidungsprogramme abgebildet sind, wenn Regeln versagen. Nicht nur, dass dann keine Handlungsoptionen vorhanden sind, fehlen auch Ressourcen, um mit dieser neuen Situation umzugehen, da diese ja im Regelsystem gebunden sind.

Es wird deutlich: die hier geschilderten Probleme sind eine Einbahnstraße in die organisationale Krise.

5.1.2 Führung als notwendige Zumutung zum Umgang mit Ungewissheit

„Führung ist eine Zumutung" formuliert es Martin Elbe (2015) pointiert in der ersten seiner 10 Thesen zur Zukunft der Führung. Hintergrund ist die Thematik von Macht und Herrschaft. Im Gegensatz zu der mit diesen Begriffen verbundenen Dominanz, beruht aber Führung auf dem kontrakthaft vereinbarten Einverständnis von Geführten, und mehr noch, mit einem Bündel an Erwartungen an die Führung.

Tatsächlich rehabilitiert sich Führung in den letzten Jahren, begleitet von der Weiterentwicklung von Führungsmodellen bis hin zum ‚*Full-Range Model of Leadership*' (auch bekannt als transformationale Führung) von den Autoren Bernard Bass und Bruce Avolio (1994). Es rücken dabei folgende vier Komponenten des Führungsverhaltens in den Vordergrund:

- Führungskräfte sind Vorbilder
- Führungskräfte motivieren und fordern heraus
- Führungskräfte unterstützen kritische Überlegungen
- Führungskräfte verstehen sich als Coach

Empirisch zeigt sich, dass Führungsverhalten, das diese Prinzipien berücksichtigt, tatsächlich Vorteile im Hinblick auf Effizienz und Effektivität hat, wenn auch ein Modell für sich alleine nicht ausreichend beschreiben kann, was Führung heute braucht (Michel et al. 2011).

5.2 Führungsaufgaben für eine organisationale Resilienz

Greifen wir die oben dargestellte Definition organisationaler Resilienz auf, muss es Organisationen also gelingen die situativen internen und externen Bedingungen – unter Berücksichtigung des zeitlichen Kontinuums, dem kollektiven Narrativ der Vergangenheit, der gelebten Praxis und möglichen Zukünften – bestmöglich einzuschätzen, die vorhandenen Potenziale und Ressourcen kennen, und es ermöglichen, dass diese auch genutzt werden und sich in konkretem Verhalten zeigen. Verhalten, dass im Sinne der Organisation wirkt und zur situationsadäquaten Anpassung und ihrer Weiterentwicklung beiträgt.

Was kann also die Führungskraft konkret in ihrer Führungspraxis tun, um einen Beitrag zu dieser organisationalen Resilienz zu leisten?

Im besten Sinne meint Führung, jemand geht voran, kennt den Weg, gibt Orientierung. Mitarbeiterinnen und Mitarbeiter haben genau diese Erwartungen an ihre Führungskraft – sie sollen präsent und sichtbar sein, sie sollen verlässlich und vertrauenswürdig sein, sie sollen anerkennen und Grenzen definieren, sie sollen unterstützen, fördern und fordern.

Im Folgenden stelle ich einige konkrete Anregungen vor, die hilfreich sein können, um Führung im Sinne einer resilienten Organisation zu leben, die aber nicht als Rezept oder Gebote zu (miss-)verstehen sind. Die konkrete Angemessenheit und Sinnhaftigkeit hängt natürlich von der Organisation, dem Umfeld und der aktuellen Situation und ganz wesentlich von den handelnden Personen ab.

5.2.1 Erkenne Dich selbst!

Für nahezu jede Tätigkeit in unserer modernen Welt gibt es entsprechende Ausbildungen, die meist über mehrere Jahre gehen, eine intensive theoretische und praktische Auseinandersetzung fordern und in der tatsächlichen Ausübung zu einer Meisterschaft heranreifen.

Nur Führungskraft wird man (häufig) über Nacht: Eben noch Mitarbeiterin oder Mitarbeiter wird man zur Führungskraft, als angesehene Fachkraft steht man plötzlich vor der Situation, dass man mit Führungserwartungen konfrontiert ist. Erwartungen sowohl von eigenen Vorgesetzten, als auch seinen Mitarbeiterinnen und Mitarbeitern, die vielleicht gestern noch Kollegen waren.

Die eigene Persönlichkeit ist das Hauptwerkzeug und von zentraler Bedeutung für die Identitätsfindung als Führungskraft. Wie oben dargestellt entwickelt sich Identität aus einer Wechselwirkung von Identifizierung und Identifikation, aus Selbst- und Fremdbeschreibungen – wer sich selbst aber nicht kennt, kann nur mit jenen Informationen arbeiten, die andere an sie oder ihn herantragen.

Die erste Grundbedingung ist es also, sich selbst zu erkennen, eigene Werte und Normen und damit verbundene Erwartungen und Annahmen zu identifizieren und ihre Wirkung im Alltag zu erkennen. Welche Vorbilder gibt es in der Führung – welche Erfahrungen sollen den Mitarbeiterinnen und Mitarbeitern nicht zugemutet werden?

Praktisch hat sich bewährt diese Auseinandersetzung mit seiner Sozialisation und „Enkulturation“ (Petzold 2012b, S. 424) und damit der Identität, in Rahmen von Coachings vorzunehmen. Coachings sind hilfreich um blinde Flecken auszuleuchten, persönliche Muster zu identifizieren oder mögliche Verführungen, Fallen aufzuspüren und Strategien zu entwickeln, um in der Praxis damit umzugehen.

Idealerweise beginnt diese Auseinandersetzung bereits vor der Übernahme der Führungsaufgabe und begleitet in regelmäßigen Abständen den Transitionsprozess. Auch darüber hinaus stellt Coaching ein sinnvolles Format für die regelmäßige Reflexion von Führungsherausforderungen dar und damit die Grundlage für die kritische Auseinandersetzung mit Bewertungen, Führungsverhalten und Entscheidungen.

5.2.2 Führe Dich selbst!

Eine zentrale Aufgabe eine Führungsperson ist das Selbstmanagement und noch viel mehr die Selbst-Führung. Ein Teil des Erfolges von Führungskräften resultiert aus der Ausstrahlung und Vertrauenswürdigkeit, wie auch das Modell der transformationalen Führung betont.

Auf einer sehr alltags- und handlungsnahen Ebene meint Selbst-Führung, „die eigene Arbeitsorganisation im Griff zu haben, professionell und mit der nötigen Selbstdisziplin verlässlich und berechenbar zu reagieren" (Patak und Simsa 2015, S. 15). Es geht um bewusste Gestaltung individueller Zeitstrukturen, Zielsetzung und Planung, das Wissen um Potenziale und Wahrnehmung der eigenen Ressourcen. Damit im Zusammenhang steht der kritische Blick auf sich selbst und achtsame Umgang mit den eigenen Möglichkeiten.

Die Verlässlichkeit sorgt für Sicherheit bei den Mitarbeiterinnen und Mitarbeitern, der bewusste Umgang mit eigenen Ressourcen erhält auf Dauer leistungsfähig. Schlussendlich gipfelt es in der Haltung, die man gegenüber Mitarbeiterinnen und Mitarbeitern an den Tag legt und trägt dazu bei, die kollektive Vorstellung vom Umgang mit sich selbst und damit die Organisationskultur zu gestalten.

Diese Achtsamkeit, dieser selbst-bewusste Umgang mit sich selbst, hat ganz nebenbei auch noch einen leistungsbezogenen Aspekt: das vielgerühmte Multitasking ist gehirnphysiologisch gesehen zwar möglich (schließlich werden die meisten unserer mentalen und kognitiven Prozesse parallel geführt), jedoch ist die Ergebnisqualität bedeutend höher, wenn man ganz konzentriert und bewusst an einer Aufgabenstellung bleibt. Auch das ist ein Aspekt von Achtsamkeit.

5.2.3 Achte persönliche Souveränität!

Jede Mitarbeiterin und jeder Mitarbeiter ist zunächst einmal Individuum. In unserer westlichen Welt bedeutet dies, dass Menschen normalerweise nicht geführt werden wollen, sondern es bevorzugen, einigermaßen frei und unabhängig zu handeln, gleichzeitig gibt es auch die Erwartung an Führungskräfte Orientierung zu geben (Elbe 2015).

Diese Ambiguität und die Nähe-Distanz-Regulation sind eine Herausforderung. Grundlage ist aber in jedem Fall die Achtung der individuellen, persönlichen Souveränität. In Gruppen und Teams geht es darum, die Vielfalt als Potenzial zu erkennen und die persönliche Souveränität und Integrität Anderer zu wahren. Das Konzept der persönlichen Souveränität (Gebhardt und Petzold 2011) beinhaltet den Aspekt der Sorge um Andere, als Wertschätzung ihrer Andersheit und einer respektvollen Haltung und Akzeptanz.

Die Aufgabe der Führungskraft ist es dabei durch entsprechende Vorbildwirkung eine Atmosphäre der Wertschätzung zu schaffen, sowie den Individuen mit ihren Stärken und Schwächen so viel und so weit Raum zu geben, soweit es im Dienst der Gruppe steht. Das kann beispielsweise durch ganz gezielte Delegation von spezifischen Aufgaben oder Übertragung von Verantwortungsbereichen an

Menschen, die diese Tätigkeit gut ausfüllen können, erfolgen. Dazu ist es eben notwendig seine Mitarbeiterinnen und Mitarbeiter gut zu kennen – so wird es für einen ‚kreativen Chaoten' eher eine Zumutung sein, Produktpreise zu kalkulieren, wohingegen es für den ‚Detailverliebten' eine Anerkennung sein kann.

5.2.4 Entwickle fundierte Kollegialität!

Das intersubjektive Milieu spiegelt sich insbesondere auch im Umgang miteinander wieder. Wie Haubl (2013) feststellt, ist die erlebte Kollegialität ein zentraler Faktor für die Arbeitszufriedenheit, Leistungsfähigkeit und damit in weiterer Folge auch von organisationaler Resilienz.

Kolleginnen und Kollegen stellen potenziell social support dar, der hilfreich und notwendig sein kann, wenn man selbst mit Belastungen konfrontiert ist, können aber genauso auch als Stressoren wirken, wenn es sich um angespannte Arbeitsbeziehungen bis hin zu Mobbing-Situationen handelt (vgl. bspw. Hoffmann 2008, S. 91 ff.). Die Führungskraft hat Verantwortung für ihre Mitarbeiterinnen und Mitarbeiter und damit auch die Entwicklung einer fundierten Kollegialität, für die die Persönliche Souveränität eine Grundvoraussetzung darstellt (vgl. Gebhardt und Petzold 2011, S. 31 ff.).

Fundierte Kollegialität ist geprägt von Gleichrangigkeit, souveränen Entscheidungsspielräumen und „Qualitäten wie Integrität, Loyalität, persönliche Verlässlichkeit, Herzlichkeit, Offenheit, Konfliktfähigkeit und die Bereitschaft zur persönlichen Auseinandersetzung" (Petzold 2007a, S. 240). Kollegialität in diesem Sinne ist ein beständiger Erkundungs-, Reflexions- und Austauschprozess über und durch das Miteinander. Dies führt zur Entwicklung zu einem Gefühl der Sicherheit, einer kollegialen Zuverlässigkeit auf Basis wechselseitigen Respekts und zu persönlichen Freiräumen. Dies ermöglicht Wertschätzung, erhält aber ebenso Commitment und Loyalität mit dem Anderen, dem Team, der Gruppe und der Organisation.

Der Prozess fundierter Kollegialität stellt einen Kulturentwicklungsprozess dar, der einerseits Zeit braucht, gleichzeitig auch nicht in der Beliebigkeit des Laissez-faire versinken darf. Die Führungskraft ist in ihrer Präsenz und der Wahrnehmung der sozialen Dynamik gefordert und bei Notwendigkeit seinen Mitarbeiterinnen und Mitarbeitern in Form von Führung zuzumuten.

Das gilt insbesondere bei Konflikten. Führung verlangt die Bereitschaft zur Auseinandersetzung in einem breiten Verständnis, Führung verlangt aber auch die Bereitschaft und Kompetenz lösungsorientiert und doch ergebnisoffen, auch in vielleicht emotional aufgeladenen Feldern, Präsenz zu zeigen (Glasl 2002; Thiel 2009).

5.2.5 Vertraue in Vertrauen!

Aus etablierten Strukturen entsteht Sicherheit und Verlässlichkeit auf deren Basis sich auch Vertrauen entwickelt. Das wiederum ist Voraussetzung dafür, dass Mitarbeiterinnen und Mitarbeiter ihr Bewegungsfeld vergrößern, sich trauen über den Tellerrand hinaus zu sehen und kreative, innovative Zugänge zu entwickeln, ohne Angst davor zu haben, Fehler zu machen.

Positive Erfahrungen tragen zum Aufbau von Vertrauen bei, negative hingegen können destruktive Effekte haben, die erheblich sind und es dauert lange, bis Vertrauen wiederaufgebaut ist, was wiederum unmittelbar einen Resilienzfaktor darstellt. Es gilt also: Nur Vertrauen führt zu Vertrauen!

Überträgt die Führungskraft vertrauensvoll Verantwortung (siehe Abb. 5.1), ohne Mitarbeiterinnen und Mitarbeiter zu überfordern, zeigen sich Erfolgserlebnisse, die für die Entwicklung von Selbst-Vertrauen, Selbstwirksamkeit aber auch Mit-Verantwortung der Mitarbeiterinnen und Mitarbeiter grundlegend sind.

Gerade für unsichere Mitarbeiterinnen und Mitarbeiter ist es aber auch verführerisch die Verantwortung zurück nach oben zu delegieren. Widerstehen Führungskräfte ihrerseits der Verführung, alles lösen zu müssen – was insbesondere für jene Führungskräfte schwierig ist, die sich selbst als ‚Macher' sehen – vertrauen sie auf

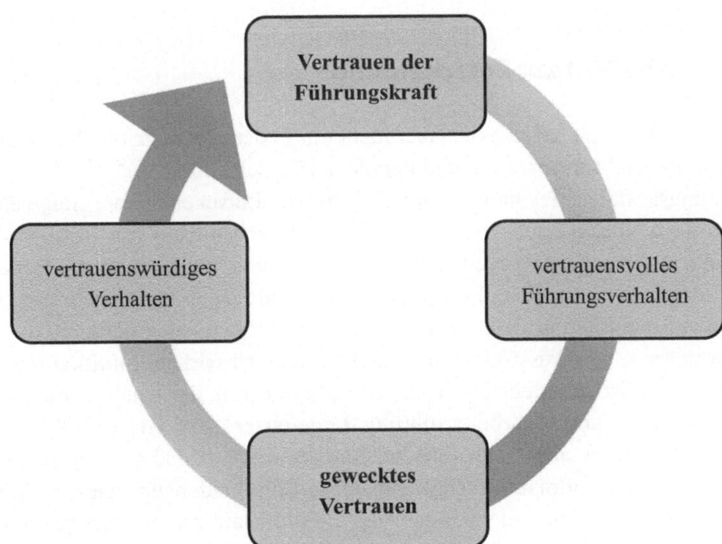

Abb. 5.1 Kreislauf der Vertrauensentwicklung

die Kompetenz der Mitarbeiterinnen und Mitarbeiter, stehen sie gegebenenfalls als ‚Coach' oder Mentor zur Verfügung werden sie mit gesteigerter Selbstwirksamkeit und Selbst-Verantwortung aufseiten der Mitarbeiterinnen und Mitarbeiter belohnt werden.

5.2.6 Habe Mut zur Klarheit!

Immer wieder etabliert sich in Organisationen insbesondere im Umgang mit Konflikten oder Unverträglichkeiten eine Kultur der verschleiernden Pseudofreundlichkeit oder auch einer gnadenlosen Härte.

Klarheit bedeutet dabei nicht brutale Direktheit, sondern im Rahmen einer selektiven Authentizität Dinge anzusprechen, die im Sinne der Zusammenarbeit, des Arbeitsauftrages, der Zielerreichung notwendig sind. Hier ist zum einen emotionale Intelligenz (Goleman 1996), zum anderen aber auch grundlegende Gesprächsführungskompetenz nötig.

Auch im Sinne des Vertrauens (vgl. Heller et al. 2012) ist es notwendig, das Führungskräfte deutlich über aktuelle Bedingungen sprechen, auch – und gerade – in problematischen und krisenhaften Verläufen – die Wahrheit ist zumutbar, wieder geht es aber um die akzeptable Balance einer selektiven Offenheit.

5.2.7 Habe Mut zur Entscheidung!

Der Mut zur Klarheit bezieht sich aber nicht nur in der unmittelbaren kommunikativen Begegnung, sondern auch und gerade bei Entscheidungen.

Führungskräfte treffen täglich eine Vielzahl von Entscheidungen, einige davon, ohne dass sie vollständig bewusst werden. Wir sprechen dann von Gewohnheiten (habituellem Entscheidungsverhalten) oder auch von Intuition, vom ‚Bauchgefühl'. Tatsächlich zeigt sich, dass intuitive Entscheidungen häufig sehr gute sind, weil sie auf integriertem Erfahrungswissen und Mikrosignalen beruhen, die eben nicht in unser Klarbewusstsein dringen, aber dennoch wirken. Intuition bzw. implizites Wissen ist daher ein wesentlicher Faktor auch in der Unternehmens- oder Mitarbeiterinnen- und Mitarbeiterführung (Gigerenzer 2008; Glasl 1999).

Natürlich gibt es aber auch Entscheidungen, die voll und ganz in unser Bewusstsein dringen, oftmals beschäftigen diese Entscheidungen lange, ja können sogar quälend sein. Die Ungewissheit der Zukunft und das Wissen um die Unvollständigkeit von Information können handlungsunfähig machen, daher ist Entscheidungsfreude und der Mut zur Lücke, ein ganz wesentlicher Erfolgsfaktor von

Führungskräften. Um im Bewusstsein des Mangels vernünftig und intelligent entscheiden, hat sich das Prinzip des *satisficing* bewährt: in den meisten Situationen reicht eine zufriedenstellende Lösung. Ziel ist dabei eine Optimierung unter den gegebenen Bedingungen, nicht eine absolute Maximierung.

5.2.8 Übernimm Verantwortung und lerne aus Fehlern!

Auch wenn Entscheidungen im besten Wissen getroffen werden, so können sie sich doch als inadäquat oder falsch herausstellen.

Viele der gravierendsten Krisen, die in den letzten Jahrzehnten zu beobachten waren, haben eine mehr oder weniger kleine Fehlentscheidung am Beginn stehen, an der verbissen festgehalten wird (Weick und Sutcliffe 2010).

Die meisten Fehlentscheidungen sind kleine, die nicht an der allgemeinen Leistungsfähigkeit der Organisation kratzen, dennoch aber Ressourcen binden, die an anderer Stelle sinnvoller einzusetzen wären. Insbesondere wenn aus Angst vor den Konsequenzen nicht darüber gesprochen werden kann oder darf, dass ein Fehler passiert ist, dieser verheimlicht wird und versucht wird ‚irgendwie' damit umzugehen, kann er Kreise ziehen, die nicht mehr kontrollierbar sind.

Die beste Abhilfe ist ein Klima zu schaffen, das auf Vertrauen basiert, in dem eine fehlerfreundliche Kultur herrscht, in der jede und jeder Einzelne Verantwortung für sich selbst, aber auch für andere übernimmt und die Bereitschaft aus Fehlern zu lernen.

Die Führungskraft ist gefordert hier Vorbild zu sein – reflektieren Sie ihre Entscheidungen. Die Reflexion von Entscheidungsfindungsprozessen hilft dabei aus jeder einzelnen Entscheidung zu lernen, sei sie gut und richtig oder auch schlecht und falsch und in weiterer Folge auch die Ursache von Symptomen zu unterscheiden. Ein zentrales Problem für Führungskräfte, gerade in Krisensituationen, ist es, zu beurteilen, ob es sich beim Beobachtbaren lediglich ein Symptom eines tieferliegenden Problems handelt oder ob tatsächlich die Ursache erkennbar ist. Es ist notwendig bereits im Vorfeld eine Kultur des kritischen Reflektierens zu etablieren, mit dem Ziel einer geteilten Verantwortung und der Nutzung des Potenzials von Mehrperspektivität (Petzold 2007c).

5.2.9 Fördere erwünschtes Verhalten!

Die Führungskraft ist als Orientierung gebender Kulturträger maßgeblich daran beteiligt, welche Kultur sich entwickelt. Wie aber bereits dargestellt wurde, ist

Kultur implizit, nur schwer besprechbar und Versuche sie zu explizieren, bspw. über Handbücher, Guidelines, Leitbilder oder Ähnliches bleiben sperrig, leblos und geraten in Vergessenheit.

Dennoch kann es gelingen, die Kultur ganz bewusst und gezielt zu gestalten, indem deutlich gemacht wird, was erwünschtes und unerwünschtes Verhalten ist. Eine Möglichkeit sehr gezielt und aktiv zu gestalten, sind die allseits bekannten Mitarbeiterinnen- und Mitarbeitergespräche, in dem auch der psychologische Vertrag und organisatorisches Commitment (Gratz et al. 2014; Tietel 2015) abgesichert werden kann und über Feedback und Zielvereinbarungen erwünschtes Verhalten verstärken kann. Mehr noch erhält die Führungskraft ihrerseits Feedback – sofern das Mitarbeiterinnen- und Mitarbeitergespräch in einer vertrauensvollen und offenen Atmosphäre geführt werden kann.

Es hat sich bewährt, dass die Führungskraft in der Vorbereitung solcher Gespräche sehr bewusst mit der Schwerpunktsetzung des Gesprächs auseinander setzt (siehe Abb. 5.2). Das Verhalten und die Arbeitsleistung von Mitarbeiterinnen und Mitarbeitern, resultiert unmittelbar aus den Dimensionen Leistungsfähigkeit

Abb. 5.2 Schwerpunktsetzungen in Mitarbeiterinnen- und Mitarbeitergespräche. (vgl. Gratz et al. 2014, S. 157)

(Können), Leistungsbereitschaft (Wollen) und Dürfen (vgl. Gratz et al. 2014, S. 137 ff.). Je nach Akzentuierung des Verhaltens ist eine andere Schwerpunktsetzung notwendig.

5.2.10 Beobachte das Umfeld – und skizziere mögliche Zukünfte!

Führungskräfte sind mit einer Vielzahl von Themen, aber auch Dynamiken konfrontiert, die potenziell relevant für die eigene Führungs- und Entscheidungsverantwortung sind. Beispielhaft seien hier genannt der Arbeits- und Personalmarkt, die Entwicklung des Branchenumfeldes, relevante technologische Entwicklungen, gesellschaftliche und gesellschaftspolitische Veränderungen (vgl. Simsa und Patak 2008, S. 47).

Um für die eigene Organisation relevante Trends erkennen zu können, ist es notwendig ein möglichst diverses Netzwerk zu pflegen und damit Diversity als Prinzip unmittelbar umzusetzen (Gutting 2015). Diversity meint dabei kulturelle Vielfalt, die sich nicht nur aufgrund von Migration und damit unterschiedlichen ethnischen Hintergründen ergibt, sondern geht mit dem Kulturverständnis weit darüber hinaus und berücksichtigt dabei sämtliche Sozialisations- und Enkulturationsbedingungen, wie beispielsweise Gender, Ausbildungshintergründe, Wirtschaftsbereiche und -branchen. Dieses diverse Netzwerk kann sowohl über persönliche Kontakte, genauso aber über die Verwendung (fachfremder) Literatur gepflegt werden.

Die zentrale Ressource, die daraus gewonnen wird, ist Multiperspektivität – Kooperation in und außerhalb der Organisation trägt dazu bei, das wirksame Umfeld im Sinne von multiplen Umwelten besser wahrzunehmen, die Interpretation dessen zu verbessern und all das herauszufiltern, was für den eigenen Verantwortungsbereich bedeutsam ist oder sein könnte. Notwendig ist dabei natürlich auch die, an das eigene Organisationsumfeld angepasste, Transformation der Information.

Aus den gesammelten Information, der unterschiedlichen Beurteilung und Bewertung aus mehreren Perspektiven lassen sich unterschiedliche Szenarien möglicher Zukünfte entwickeln, die ihrerseits eine Anpassung der Organisationsstrategie oder spezifischer strategischer Elemente notwendig machen.

6 Conclusio – Organisationale Resilienz ist Kulturarbeit!

> Wenn Du ein Schiff bauen willst, dann rufe nicht die Menschen zusammen, um Holz zu sammeln, Aufgaben zu verteilen und die Arbeit einzuteilen, sondern lehre sie die Sehnsucht nach dem großen, weiten Meer.
> Antoine de Saint-Exúpery, französicher Schriftsteller (1900–1944)

Organisationale Resilienz ist eine unmittelbare Folge der Organisationskultur! Die Förderung organisationaler Resilienz ist – wie jede Aufgabe, die auf Beeinflussung der Organisationskultur abzielt – eine Führungs- und *keine* Managementaufgabe! Kulturentwicklung richtet sich an Menschen und wird von Menschen gemacht – und Menschen lassen sich nicht nur verwalten.

Es braucht daher Mut und Disziplin sich neben all dem täglich Dringlichem mit dem langfristig wirksamen Wichtigem zu beschäftigen. Es braucht das klare Bekenntnis zur Nachhaltigkeit. Dieses Führungsverständnis richtet sich ausdrücklich gegen den Versuch der schnellen Gewinnmaximierung, sondern fordert Achtsamkeit und Bewusstheit für die Ressourcen von Einzelnen über Organisationen bis hin zu Gesellschaft und Ökologie. Nur unter dieser Prämisse ist es möglich Krisen – die durch Erschöpfung von Ressourcen gekennzeichnet sind – schon präventiv gut zu begegnen.

Akute organisationale Krisen fordern Führungskräfte in ihrer Präsenz ganz besonders. Mitarbeiterinnen und Mitarbeiter brauchen Vertrauen, Verlässlichkeit – Führung braucht daher Klarheit, Optimismus und die fundierte Überzeugung diese Herausforderung zu meistern, aber auch Ruhe, Übersicht und eine klare Vision!

> Nimm Dir Zeit, handle nachhaltig und geh voran!

Führung zur organisationalen Resilienz beruht auf der Größe Unveränderbares anzuerkennen, der Überzeugung einer gelingenden Zukunft, dem Bewusstsein vorhandener Potenziale und Ressourcen, der Umsetzungskraft der konkreten Schritte, dem Erkennen und der Würdigung von ‚small wins', und der Begeisterungsfähigkeit für eine Vision.

G. P. Hoffmann, *Organisationale Resilienz,* essentials,
DOI 10.1007/978-3-658-12890-6_6

Was Sie aus dem Essential mitnehmen können

- Resilienz ist Widerstandskraft *und* Weiterentwicklung.
- Organisationale Resilienz ist ein Zusammenwirken von Faktoren auf den Ebenen der Einzelnen, des intersubjektiven Milieus und der Organisation.
- Die Entwicklung und Förderung von Organisationaler Resilienz braucht *Führung*, nicht (nur) Management.

G. P. Hoffmann, *Organisationale Resilienz*, essentials,
DOI 10.1007/978-3-658-12890-6

Literatur

Addor, P. (2012). *Führen trotz Ungewissheit. Komplexität verstehen*. Saarbrücken: bloggingbooks.

Allenby, B., & Fink, J. (2005). Toward inherently secure and resilient societies. *Science Magazine, 309*(5737), 1034–1036.

Antonovsky, A. (1997). *Salutogenese. Zur Entmystifizierung der Gesundheit*. Tübingen: Dgvt – Verlag.

Baecker, D. (1999). *Organisation als System*. Frankfurt a. M.: Suhrkamp.

Bandura, A. (1977). Self-efficacy: Toward a unifying theory of behavioral change. *Psychological Review, 84,* 191–215.

Bass, B. M., & Avolio, B. J. (Hrsg.). (1994). *Improving organizational effectiveness through transformational leadership*. Thousand Oaks: Sage Publications.

Caplan, N., Trautmann, M., & Whitmore, J. K. (1989). *The boat people and achievement in America: A study of economic and educational success*. Ann Arbor: University Of Michigan Press.

Elbe, M. (2015). *Führung unter Ungewissheit. Zehn Thesen zur Zukunft der Führung (Kindle Edition)*. Wiesbaden: Springer Fachmedien. www.amazon.de.

Elder, G. H., & Conger, R. D. (2000). *Children of the land. Adversity an success in Rural America*. Chicago: The University of Chicago Press.

Endreß, M., & Maurer, A. (Hrsg.). (2015). *Resilenz im Sozialen: Theoretische und empirische Analysen*. Wiesbaden: Springer VS.

Fröhlich-Gildhoff, K., & Rönnau-Böse, M. (2014). *Resilienz (Kindle Edition). (3., akt. Aufl.)*. München: Ernst Reinhardt Verlag. www.amazon.de.

Gebhardt, M., & Petzold, H. G. (2011). Das Integrative Teamkonzept und Teamcoaching und die Konzepte der „persönlichen Souveränität", der „fundierten Kollegialität", das „Konflux-Modell" und die „Coaching-Grundregel". SUPERVISION: Theorie – Praxis – Forschung. http://www.fpi-publikation.de/images/stories/downloads/supervision/gebhardt-petzold-das-integrative-teamkonzept-und-teamcoaching-und-die-konzepte-supervision-09-2011.pdf. Zugegriffen: 05. März 2015.

Gigerenzer, G. (2008). *Bauchentscheidungen. Die Intelligenz des Unbewussten und die Macht der Intuition* (Kindle Edition). München: Wilhelm Goldmann Verlag. www.amazon.de.

Glasl, F. (1999). *Das Unternehmen der Zukunft. Moralische Intuition in der Gestaltung von Organisationen*. Stuttgart: Verlag Freies Geistesleben.

G. P. Hoffmann, *Organisationale Resilienz,* essentials,
DOI 10.1007/978-3-658-12890-6

Glasl, F. (2002). *Konfliktmanagement. Ein Handbuch für Führungskräfte, Beraterinnen und Berater*. Bern: Verlag Paul Haupt.

Goleman, D. (1996). *Emotionale intelligenz*. Wien: Carl Hanser Verlag.

Gratz, W., Röthel, H., & Sattler-Zisser, S. (2014). *Gesund führen. Mitarbeitergespräche zur Erhaltung von Leistungsfähigkeit und Gesundheit im Unternehmen*. Wien: Linde Verlag.

Gutting, D. (2015). *Diversity Management als Führungsaufgabe. Potenziale multikultureller Kooperation erkennen und nutzen*. Wiesbaden: Springer Gabler.

Haubl, R. (2013). Resilienzfaktoren einer salutogenen Organisationskultur. In R. Haubl, B. Hausinger, & G. G. Voß (Hrsg.), *Riskante Arbeitswelten. Zu den Auswirkungen moderner Beschäftigungsverhältnisse auf die psychische Gesundheit und die Arbeitsqualität* (S. 183–199). Frankfurt a. M.: Campus.

Haubl, R., Hausinger, B., & Voß, G. G. (Hrsg.). (2013a). *Riskante Arbeitswelten. Zu den Auswirkungen moderner Beschäftigungsverhältnisse auf die psychische Gesundheit und die Arbeitsqualität*. Frankfurt a. M.: Campus.

Haubl, R., Voß, G. G., Alsdorf, N., & Handrich, C. (Hrsg.). (2013b). *Belastungsstörung mit System. Die zweite Studie zur psychosozialen Situation in deutschen Organisationen*. Göttingen: Vandenhoeck & Ruprecht.

Heller, J., Elbe, M., & Linsenmann, M. (2012). Unternehmensresilienz – Faktoren betrieblicher Widerstandsfähigkeit. In F. Böhle & S. Busch (Hrsg.), *Management von Ungewissheit. Neue Ansätze jenseits von Kontrolle und Ohnmacht* (S. 213–232). Bielefeld: transcript Verlag.

Hoffmann, G. P. (2008). *Mobbing und Lernen. Narrationsstrukturelle Analyse von Lernprozessen in Mobbing-Situationen*. Saarbrücken: VDM Verlag Dr. Müller.

Kieser, A. (2006). Max Webers Analyse der Bürokratie. In A. Kieser & M. Ebers (Hrsg.), *Organisationstheorien* (6., erw. Aufl., S. 63–92). Stuttgart: Verlag W. Kohlhammer.

Kieser, A., & Ebers, M. (Hrsg.). (2006). *Organisationstheorien*. Stuttgart: Verlag W. Kohlhammer.

Kieser, A., & Walgenbach, P. (2010). *Organisation*. Stuttgart: Schäffer-Poeschel Verlag.

Kobasa, S. C. (1979). Stressful life events, personality, and health – Inquiry into hardiness. *Journal of Personality and Social Psychology, 37*(1), 1–11.

Krieger, D. J. (1998). *Einführung in die allgemeine Systemtheorie*. München: Wilhelm Fink Verlag.

Luhmann, N. (1987). *Soziale Systeme. Grundriß einer allgemeinen Theorie*. Frankfurt a. M.: Suhrkamp.

Luhmann, N. (2006). *Organisation und Entscheidung*. Wiesbaden: VS Verlag für Sozialwissenschaften.

Maddi, S. R. (2012). *Hardiness. Turning stressful circumstances into resilient growth*. Dordrecht: Springer.

Martens, W., Ortmann, G. (2006). Organisationen in Luhmanns Systemtheorie. In A. Kieser & M. Ebers (Hrsg.), *Organisationstheorien* (S. 427–461). Stuttgart: Verlag W. Kohlhammer.

Michel, J. W., Lyons, B. D., & Cho, J. (2011). Is the full-range model of leadership really a full-range model of effective leader behavior? *Journal of Leadership and Organizational Studies, 18*(4), 493–507. doi:10.1177/1548051810377764.

Müller, L., & Petzold, H. G. (2003). Resilienz und protektive Faktoren im Alter und ihre Bedeutung für den Social Support und die Psychotherapie bei älteren Menschen. POLYLOGE: Materialien aus der Europäische Akademie für Psychosziale Gesundheit.

http://www.fpi-publikation.de/polyloge/alle-ausgaben/08-2003-mueller-l-petzold-h-g-resilienz-und-protektive-faktoren-im-alter.html. Zugegriffen: 21. Aug. 2013.

Patak, M., & Simsa, R. (2015). *Kunststück Führung. Worauf es erfolgreichen Führungskräften ankommt*. Wien: Linde international.

Petzold, H. G. (1975). Ein Kriseninterventionsseminar – Techniken beziehungsgestützter Krisenintervention, Aufbau eines „guten Konvois", „innerer Beistände" und „protektiver Erfahrungen" in Integrativer Bewegungstherapie (IBT), Integrativer Therapie (IT), Gestalttherapie (GT). *Textarchiv H. G. Petzold et al.* http://www.fpi-publikation.de/artikel/textarchiv-h-g-petzold-et-al-/petzold-h-g-1975m-kriseninterventionsseminar-techniken-beziehungsgestuetzter-krisenintervention.html. Zugegriffen: 17. Juni 2014.

Petzold, H. G. (1995). Weggeleit, Schutzschild und kokreative Gestaltung von Lebenswelt – Integrative Arbeit mit protektiven Prozessen und sozioökologischen Modellierungen in einer entwicklungsorientierten Kindertherapie. *Textarchiv Petzold H.G. et al.* http://www.fpi-publikation.de/images/stories/downloads/textarchiv-petzold/petzold-1995a-weggeleit-schutzschild-kokreative-gestaltung-von-lebenswelt-integrative-arbeit.pdf. Zugegriffen: 31. Dez. 2013.

Petzold, H. G. (Hrsg.). (2003a). Das Ko-respondenzmodell als Grundlage der Integrativen Therapie und Agogik. In *Integrative Therapie. Modelle, Theorien und Methoden einer schulenübergreifenden Psychotherapie. 1. Klinische Philosophie: Transversale Diskurse* (2., überarb. u. erw. Aufl., S. 93–140). Paderborn: Junfermann.

Petzold, H. G. (Hrsg.). (2003b). Integrative Therapie in Kontext und Kontinuum. Einführung zur zweiten Auflage. In *Integrative Therapie. Modelle, Theorien und Methoden einer schulenübergreifenden Psychotherapie. 1. Klinische Philosophie: Transversale Diskurse* (2., überarb. u. erw. Aufl., S. 25–85). Paderborn: Junfermann.

Petzold, H. G. (2007a). Das Konflux-Modell und die Arbeit mit kokreativen Prozessen in Teamarbeit, Teamsupervision und Organsiationsberatung. In H. G. Petzold (Hrsg.), *Integrative Supervision, Meta-Consulting, Organisationsentwicklung. Ein Handbuch für Modelle und Methoden reflexiver Praxis* (2., überarb. u. erw. Aufl., S. 211–248). Wiesbaden: VS Verlag für Sozialwissenschaften.

Petzold, H. G. (2007b). Das Ressourcenkonzept in der sozialinterventiven Praxeologie und Systemberatung. In H. G. Petzold (Hrsg.), *Integrative Supervision, Meta-Consulting, Organisationsentwicklung. Ein Handbuch für Modelle und Methoden reflexiver Praxis*. (2., überarb. u. erw. Aufl., S. 287–319). Wiesbaden: VS Verlag für Sozialwissenschaften.

Petzold, H. G. (2007c). „Reflexives Management", Metaconsulting und Kartierung der Managementqualtität (MQC) – Konzepte und Wege zur diskursiven Optimierung von Management als Systemfunktion. In H. G. Petzold (Hrsg.), *Integrative Supervision, Meta-Consulting, Organisationsentwicklung. Ein Handbuch für Modelle und Methoden reflexiver Praxis* (2., überarb. u. erw. Aufl., S. 179–210). Wiesbaden: VS Verlag für Sozialwissenschaften.

Petzold, H. G. (2012a). Transversale Identität und Identitätsarbeit. In H. G. Petzold (Hrsg.), *Identität. Ein Kernthema moderner Psychotherapie – interdisziplinäre Perspektiven* (S. 407–603). Wiesbaden: VS Verlag für Sozialwissenschaften.

Petzold, H. G. (2012b). Transversale Identität und Identitätsarbeit – Die Integrative Identitätstheorie als Grundlage für eine entwicklungspsychologisch und sozialisationstheoretisch begründete Persönlichkeitstheorie und Psychotherapie – Perspektiven „klinischer Sozialpsychologie". In H. G. Petzold (Hrsg.), *Identität. Ein Kernthema moderner Psy-*

chotherapie – interdisziplinäre Perspektiven (S. 407–603). Wiesbaden: VS Verlag für Sozialwissenschaften.

Pfeffer, J., & Salancik, G. R. (2003). *The external control of organizations. A resource dependence perspektive*. Stanford: Stanford University Press.

Preisendörfer, P. (2011). *Organisationssoziologie. Grundlagen, Theorien und Problemstellungen*. Wiesbaden: VS Verlag für Sozialwissenschaften.

Rotter, J. B. (1966). Generalized expectancies for internal versus external control of reinforcement. *Psychological Monographs: General and Applied, 80*(1), 1–28.

Rutter, M. (1999). Resilience concepts and findings: Implications for family therapy. *Journal of Family Therapy, 1999*(21), 119–144.

Schein, E. H. (2010). *Organizational culture and leadership (Kindle Edition)* (4. Aufl.). San Francisco: Jossey-Bass.

Schermann, N. (2012). *Gerechter, nicht gerecht. Organisationale Gerechtigkeit als Zumutung an Führung und Management*. Heidelberg: Carl-Auer Verlag.

Schreyögg, G. (2008). *Organisation. Grundlagen moderner Organisationsgestaltung*. Wiesbaden: Gabler.

Schumacher, J., Leppert, K., Gunzelmann, T., Strauß, B., & Brähler, E. (2004). Die Resilienzskala – Ein Fragebogen zur Erfassung der psychischen Widerstandsfähigkeit als Personmerkmal (revidierte Manuskriptfassung vom 19.06.2004). http://www.mentalhealthpromotion.net/resources/resilienzskala2.pdf. Zugegriffen: 28. Dez. 2013.

Sennett, R. (2000). *Der flexible Mensch. Die Kultur des neuen Kapitalismus*. Berlin: Siedler.

Seville, E. (2009). Resilience: Great concept … But what does it mean for organisations. http://www.resorgs.org.nz/images/stories/pdfs/tephra-vol22-p1-20.pdf. Zugegriffen: 16. Juni 2014.

Sheffi, Y. (2007). *The ressillent enterprise; Overcoming vulnerability for competitive advantage*. Cambridge: MIT Press.

Simon, F. B. (2004). *Gemeinsam sind wir blöd!? Die Intelligenz von Unternehmen, Managern und Märkten*. Heidelberg: Carl-Auer-Systeme Verlag.

Simsa, R., & Patak, M. (2008). *Leadership in Nonprofit-Organisationen. Die Kunst der Führung ohne Profitdenken*. Wien: Linde Verlag.

Taleb, N. N. (2013). *Anti-Fragilität. Anleitung für eine Welt, die wir nicht verstehen*. München: Albercht Knaus Verlag.

Thiel, H.-U. (2009). Konflikte und Widerstand im Kontext von Organisationsentwicklung. In H. Pühl (Hrsg.), *Handbuch Supervision und Organisationsentwicklung* (3., akt. u. erw. Aufl., S. 230–250). Wiesbaden: VS Verlag für Sozialwissenschaften.

Tietel, E. (2015). Psychologischer Vertrag und organisatorisches Commitment. *Supervision. Mensch Arbeit Organisation, 2015*(2), 20–25.

Weick, K. E., & Sutcliffe, K. M. (2010). *Das unerwartete Managen. Wie Unternehmen aus Extremsituationen lernen*. Stuttgart: Schäffer-Poeschel Verlag Stuttgart.

Wenk, F. (2013). Resilienz und Resilienzförderung. Eine theoretische Annäherung und praktische Reflektion in der beruflichen Integration von Jugendlichen mit Lernbehinderungen und Verhaltensstörungen. POLYLOGE. Materialien aus der Europäischen Akademie für bio-psychosoziale Gesundheit. Eine Internetzeitschrift für „Integrative Therapie". http://www.fpi-publikation.de/images/stories/downloads/polyloge/wenk-resilienz-integration-jugendliche-lernbehinderungen-verhaltensstoerungen_polyloge-27-2013.pdf. Zugegriffen: 16. Juni 2014.

Werner, E. E. (2001). The children of Kauai: Pathways from birth to midlife. In R. K. Silbereisen & M. Reitzle (Hrsg.), *Bericht über den 42. Kongreß der Deutschen Gesellschaft für Psychologie in Jena* (S. 184–194). Lengerich: Pabst Science Publ.

Werner, E. E., Bierman, J. M., & French, F. E. (1971). *The children of Kauai: a longitudinal study from the prenatal period to age ten.* Honolulu: University of Hawaii Press.

Wustmann, C. (2004). *Resilienz. Widerstandsfähigkeit von Kindern in Tageseinrichtungen fördern.* Weinheim: Beltz.

zu Knyphausen-Aufseß, D. (2000). Auf dem Weg zu einem ressourcenorientierten Paradigma? Resource-Dependance-Theorie der Organisation und Resource-based View des Strategischen Managements im Vergleich. In G. Ortmann, J. Sydow, & K. Türk (Hrsg.), *Theorien der Organisation: Die Rückkehr der Gesellschaft* (S. 452–480). Wiesbaden: Westdeutscher Verlag.